科学跑步

晨跑与夜跑

夏志琴◎著

武汉理工大学出版社
·武汉·

内容提要

本书系统全面地阐述了如何科学开展晨跑与夜跑，具体包括跑前的科学准备、跑中的方法技巧、跑后恢复、注意事项、损伤预防、运动安全等内容，旨在为晨跑族和夜跑族提供有针对性、可操作的实用跑步指导，让晨跑族和夜跑族科学、畅快地享受晨跑与夜跑。本书内容翔实，结构完整，图文并茂，是一本科学、实用的跑步指导用书。

图书在版编目（CIP）数据

科学跑步：晨跑与夜跑 / 夏志琴著. -- 武汉：武汉理工大学出版社，2024.7. ISBN 978-7-5629-7168-9

Ⅰ．G806

中国国家版本馆CIP数据核字第2024Y4K240号

责任编辑：	尹珊珊
责任校对：	严 曾　　排　版：米 乐
出版发行：	武汉理工大学出版社
社　　址：	武汉市洪山区珞狮路122号
邮　　编：	430070
网　　址：	http://www.wutp.com.cn
经　　销：	各地新华书店
印　　刷：	北京亚吉飞数码科技有限公司
开　　本：	880×1230　1/32
印　　张：	8
字　　数：	151千字
版　　次：	2024年7月第1版
印　　次：	2024年7月第1次印刷
定　　价：	56.00元

凡购本书，如有缺页、倒页、脱页等印装质量问题，请向出版社发行部调换。
本社购书热线电话：027-87391631　87664138　87523148

·版权所有，盗版必究·

前言

晨跑与夜跑，运动门槛低，开展时间灵活，男女老少均可参与，备受大众喜爱。

清晨，迎着朝阳出发，看初日照高林，品鸟语花香，用晨跑开启元气满满的一天；夜晚，身披月光，于灯火阑珊处享受奔跑的快感，结束忙碌充实的一天。科学晨跑与夜跑，让你以一种健康的运动方式和生活姿态面对每一天。

晨跑与夜跑，哪个更适合你？什么时间跑？在哪里跑？如何跑？怎么跑更轻松？怎么跑更能有效燃脂瘦身？本书为你详细答疑解惑。

本书包括晨跑、夜跑、运动防护三部分内容，深入浅出地指导你轻松选对跑步方式与方法，让你收获跑步益处、享受跑步乐趣。

晨跑部分详细阐述了选择晨跑的原因，以及跑鞋、运动服、电子装备等物品的准备，介绍了晨跑多样化的跑步方式、跑后放松、晨跑计划等内容，列举并解答了晨跑地点与时间选择、晨跑宜空腹还是餐后跑、晨跑是否能戴口罩等问题。

夜跑部分重点阐述了适合夜跑的人群、夜跑的益处，介绍了夜跑反光装备、路线选择、路况查看等知识，解析了夜跑节奏、夜跑配速、夜跑计划等内容，列举并解答了夜跑是否可以减肥、夜跑前后饮食如何控制、夜跑后是否可以马上洗澡等问题。

运动防护部分具体探讨了跑前热身、跑步技术、呼吸控制、体能训练、跑后拉伸、伤病处理、女性月经期跑步及夜跑安全等时下跑步运动爱好者比较关心的问题。

本书逻辑清晰、结构完整、内容全面，全书从跑步爱好者的切实需求出发，给予晨跑者与夜跑者实用、有效的跑步方式方法，书中特设"畅所欲言"与"温馨提示"版块，以丰富读者的阅读体验，给读者贴心的跑步指导。

晨跑有活力，夜跑更轻松。阅读本书，开启一段有趣、安全、畅快的别样跑步旅程，让你更健康、更自信。

作者

2023 年 9 月

目 录

活力晨跑

第一章
为什么选择晨跑

晨跑，开启美好的一天 / 005

哪些人适合晨跑 / 009

坚持晨跑，受益良多 / 013

第二章

晨跑前的准备

跑鞋 / 019

运动服 / 025

电子装备 / 031

必要的体检 / 037

关注天气变化 / 041

第三章

晨跑到底应该怎么跑

以慢跑为主，跑步方式多样化 / 045

合理控制跑步时间 / 051

跑后放松 / 055

晨跑计划制订 / 059

第四章

关于晨跑的常见疑问

在哪里晨跑 / 065

晨跑的最佳时间是几点 / 071

吃完早饭跑，还是空腹跑 / 075

跑多久比较合适 / 079

跑步时能戴口罩吗 / 081

一周跑几次 / 085

不同季节的晨跑应该注意哪些问题 / 087

时尚夜跑

第五章

为什么选择夜跑

夜跑，释放一天的压力 / 099

哪些人适合夜跑 / 101

坚持夜跑，有哪些好处 / 105

第六章

夜跑前的准备

穿鲜艳的衣服 / 111

必要的夜视和反光装备 / 113

在光线充足的地方夜跑 / 117

灵活变动跑步路线 / 121

提前关注路况 / 123

恶劣天气暂停夜跑 / 125

第七章

夜跑到底应该怎么跑

控制好节奏,速度不宜过快 / 131

夜跑配速 / 135

坚持30分钟以上,避免体力透支 / 139

夜跑计划制订 / 143

第八章

关于夜跑的常见疑问

夜跑可以减肥吗 / 149

夜跑路线如何选择 / 153

夜跑前后的饮食如何控制 / 157

跑时出汗越多越好吗 / 161

如何把握跑步时长和运动量 / 165

跑后可以马上洗澡吗 / 169

运动防护

第九章
热身、跑姿与体能

先热身，再跑步 / 177

正确的跑步姿势与技术 / 185

调整与控制呼吸 / 191

重视体能训练 / 195

第十章
跑步安全

跑后拉伸 / 205

避开车流高峰，不穿行马路 / 211

谨慎使用耳机 / 215

不妨给自己找个伙伴 / 217

当心跑步路上的小动物 / 221

晨跑与夜跑过程中的常见伤病应对 / 223

月经期如何参与晨跑与夜跑 / 233

女性夜跑安全 / 237

参考文献 / 241

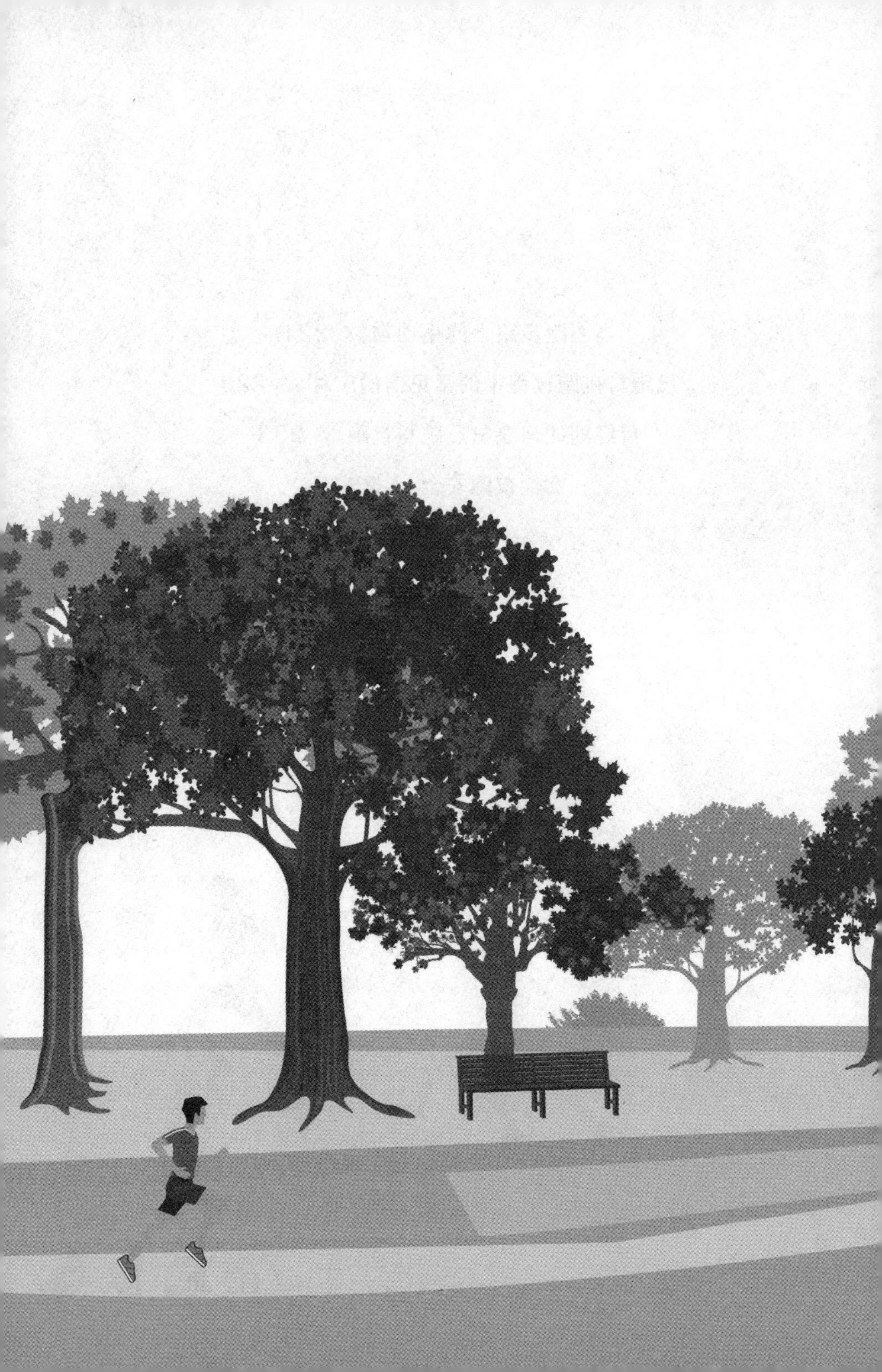

活力晨跑

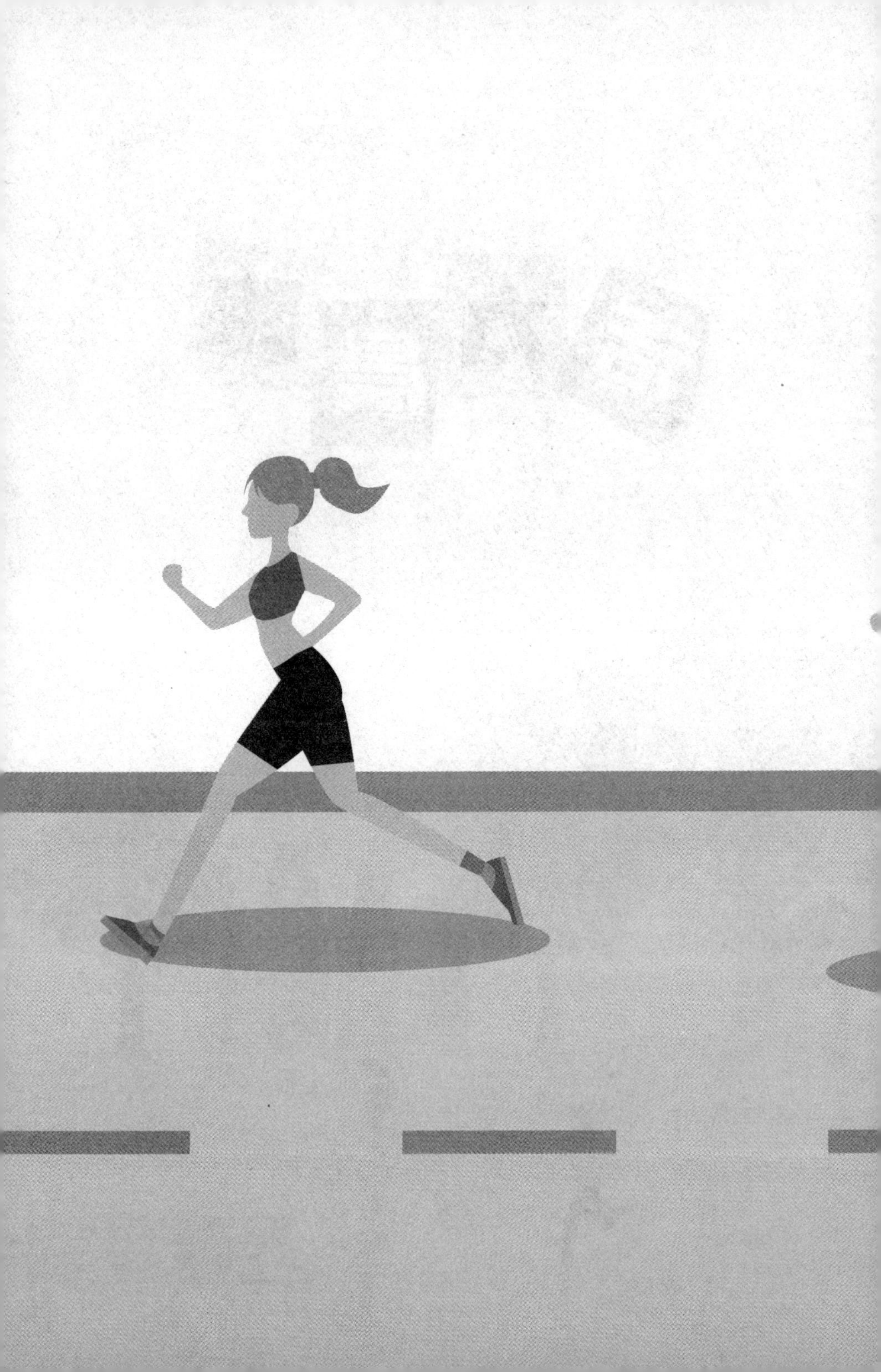

第一章

为什么选择晨跑

"一日之计在于晨",清晨,迎着第一缕阳光出发,迈着轻快的脚步向前奔跑,聆听清脆的鸟鸣,感受微风拂面,在清新的空气和有节奏的奔跑中,身体被慢慢唤醒。

参与晨跑,坚持晨跑,迎接元气满满的一天。

晨跑，开启美好的一天

畅所欲言

现如今，越来越多的人重视健康，开始认识到，坚持晨跑是一种非常健康和时尚的运动习惯和生活方式。

你是否在坚持晨跑？在你的生活或朋友圈中有一直坚持晨跑的亲友吗？你是如何看待晨跑的呢？

科学跑步　晨跑与夜跑

晨跑，是一种在早晨开展的以跑步为主的锻炼身体的运动方式，运动时间为早晨，运动方式以跑为主，可有多种不同形式的跑，如变速跑、慢跑、快跑等。

参与晨跑的爱好者，统称晨跑族，是一群热爱运动和热爱生活的人。如果你也热爱运动和生活，不妨加入他们，用晨跑开启美好的一天。

用晨跑唤醒元气满满的一天

晨跑的参与人群广泛，男女老少均可参与，但当前晨跑的主力为中青年人群。

现在，人们的生活、工作节奏快，参与晨跑，可以有效促进身体的新陈代谢，使身体在跑后感到轻松、充满活力，从而以良好的身体状态和精神面貌开启紧张而忙碌的一天，更好地面对当天的生活和工作。

此外，晨跑能促进身体多巴胺的分泌，有助于缓解压力、增强愉悦感。所以晨跑后，人们会觉得精神抖擞、心情愉悦，充满信心地迎接新的一天。

晨跑，让一天变得更长

大多数人会有这样的感受，如果早起一或两个小时，就会感觉一天的时间变长了，参与晨跑也会让你有这种感觉。

参与晨跑（图 1-1），意味着要在早餐、出行、工作时间之外，预留出运动时间，这也就意味着在一天中的上午，要做更多的事情，因此会产生"一天变长"的心理感受。

此外，坚持晨跑，不仅能在日积月累中养成运动习惯，也会让一天更有计划性，进而养成管理时间、高效工作的习惯，让人感到更充实、更有成就感、时间更充裕。

图 1-1 参与晨跑

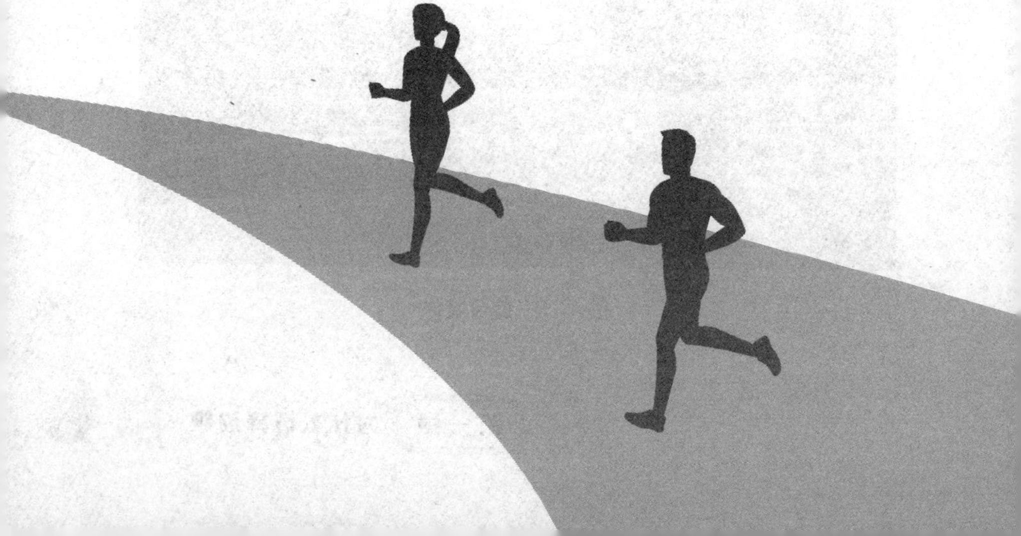

哪些人适合晨跑

畅所欲言

晨跑是一种健康的锻炼方式和生活方式,男女老少皆可参与,但是并不是人人都适合晨跑。

你觉得自己适合参加晨跑锻炼吗?究竟哪些人适合参与晨跑,哪些人要避免或谨慎参与晨跑呢?

与其他运动方式相比，晨跑的参与门槛比较低，男女老少皆可参与，但是考虑到身体状况、学习、工作等实际因素，以下几类人群更适合参与晨跑锻炼。

● 心脏功能正常的人群。晨跑时，心率和血压提升较快，会增加心肺负荷，因此心肺功能正常的人可以参与晨跑。心脏功能异常的人不建议早上跑步，更不可空腹跑步。

● 没有慢性疾病的人群。身体健康、无慢性疾病的人群均可以参与晨跑。患有心血管疾病、关节炎、呼吸系统疾病的患者，不推荐参与晨跑。

● 学生。学生的生活和学习较为规律，在保证充足睡眠的前提下，如果能坚持晨起跑步，有助于增强体质、磨练意志，因此晨跑是非常适合学生参与的运动方式。尤其是有锻炼计划的中学生、大学生，推荐优先选择晨跑进行锻炼。

● 上班族。上班族白天忙于工作，夜晚可能会参加一些社交活动，早上的时间相对来说更加自由，因此上班族也非常适合参与晨跑。

● 习惯早起和早上有时间的人。现代人生活节奏快，每天都有很多事情要处理，很多人只有在早上有空闲时间做自己喜欢的事情，对于这类人群来说，利用早晨时间参与跑步锻炼是非常好的选择。

温馨提示

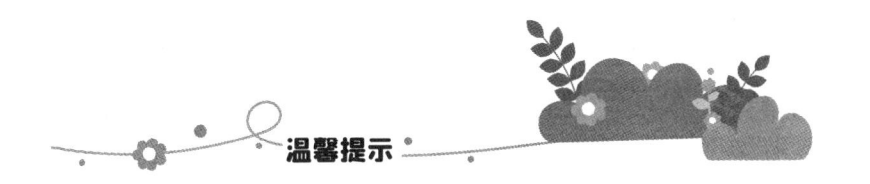

哪些人不适合晨跑

是否适合参加晨跑锻炼,首先应从身体条件出发去判断。晨跑的目的是强身健体,每个人的身体素质不同,参与晨跑应量力而行,以免对身体造成伤害。以下人群应谨慎参与晨跑,必要时应咨询医生的建议。

● 低血糖患者。在一夜的睡眠之后,清晨起来人体的血糖值较低,晨跑前不吃或摄入食物极少,会让身体血糖进一步下降,可能会对低血糖患者造成伤害,诱发无力、头晕等病症。

● 呼吸道疾病患者。早上温度相对较低,冷空气进入呼吸道可能会加重呼吸道疾病患者的不适感或加重病情。

● 风湿病患者。早晨温度低,尤其秋冬季节早晨空气湿冷,会加重患有风湿病的人的不适感,再加上跑步出汗量增多,热量散发过程中更有可能加重患部疼痛,因此风湿病患者应谨慎参加晨跑。

第一章 为什么选择晨跑

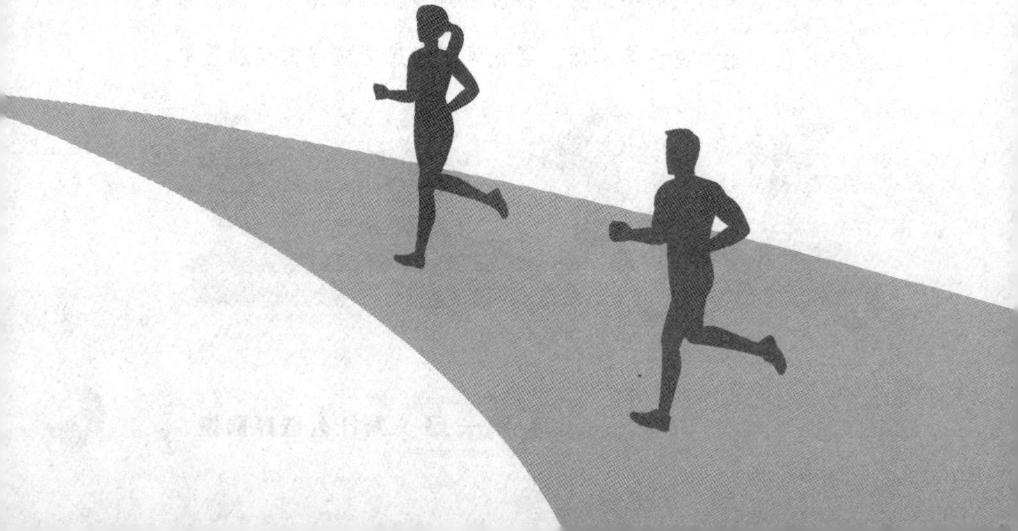

坚持晨跑，受益良多

畅所欲言

晨跑是一种令身心受益的锻炼方式和生活方式，很多人通过参与晨跑增强了免疫力，身体状态和生活状态更加健康充实。

你参加过晨跑吗？你能分享一下晨跑前后的身体感受有何不同吗？坚持晨跑一段时间后，身体和心理方面有哪些变化呢？

晨跑有益身心健康，坚持晨跑（这里指合理有度的科学晨跑）能让你的身体、心理，以及生活状态都发生积极的变化。

强身健体，燃脂瘦身

强身健体、燃脂瘦身是科学跑步锻炼中最基本的身体收益，坚持科学晨跑自然也能达到这样的运动效果。

晨跑过程中，身体各系统相互配合，支持身体完成运动，这有助于增强身体各系统、各器官的功能，坚持晨跑可有效强身健体，增强身体抵抗力。

此外，晨跑能够促进新陈代谢，让身体保持良好的代谢水平，进而起到燃脂瘦身的作用。

修身养性，平和心境

一天当中，早上和晚上都是相对比较安静的时间段，尤其是在喧嚣的城市，整日车水马龙，早晚更显宁谧。

清晨，城市和村庄刚刚苏醒，环境安静的同时又给人一种生机勃勃的感觉。在这样的环境中进行晨跑，摒除杂念，积攒身心能量，能让身心处于放松舒适的状态，能全身心享受当下的晨跑锻炼。

唤醒身体活力，增强自信

晨起时，身心状态较好，在良好的状态下参与晨跑（图1-2），能进一步激发身体活力。身体通过晨跑从安静状态过渡到运动状态，各系统和功能处于积极的、高水平的工作状态，让身体充满活力，为接下来应对一天的学习和工作做好准备。

图1-2 良好状态下参与晨跑

晨跑后，人们会因为运动过程中身体内部分泌了更多的多巴胺、内啡肽而变得兴奋和愉悦。对于年轻人来说，这会让自己更加快乐，也能为迎接和应对当天的挑战增强自信；对于老年人来说，能让自己在新的一天保持拥有好心情、好气色。

科学自律，享受美好生活

坚持科学晨跑，会养成早睡早起的好习惯，这有助于提升个人的自律能力。而一个自律的人更有能力处理好自己的学习和工作，也更有机会去创造和享受美好生活。

让身心以良好的状态迎接每一天，让每一天的生活从好的习惯开始，也让一天的学习和工作更有计划性，这正是晨跑能为你带来的积极的生活改变。

第二章

晨跑前的准备

沐浴着晨光跑步是一件非常美好的事情。不过很多跑友在晨跑初期会遇到各种各样的问题，比如鞋子不合脚，而被磨出血泡；衣服穿多了或穿少了，跑步体验感不佳；没跑几天就感冒了；等等。

晨跑，并不只是早起出门跑步这么简单，在跑之前要做好各种准备工作，这样才能更加顺利地开展和享受晨跑。

跑鞋

畅所欲言

对于日常行走、运动来说,有一双舒服的鞋子是非常重要的。晨跑时,脚部承受着整个身体的重量并在前进过程中不断接受地面的冲击,因此一定要选择适合自己的鞋子。

你会挑选鞋子吗?日常买鞋时习惯买大一码还是买小一码?你知道跑鞋和运动鞋有什么区别吗?

跑鞋是晨跑运动爱好者应该重点准备的第一项运动装备。一双好的跑鞋能让你更轻松地奔跑，同时减少因鞋子不合适而可能产生的脚部磨损、崴脚、脚臭等问题。

挑选跑鞋就是挑选运动鞋吗

有很多跑友认为，运动鞋就是为运动设计的鞋子，跑步也是一种运动，挑选普通运动鞋用于跑步完全没问题。这样的想法有一定的道理，但不完全正确。

跑鞋是适合跑步者穿的鞋子，它是运动鞋的一种，但它和我们日常所说的运动鞋有很大的区别。

运动鞋的适用场景广泛，日常散步、出游、上班等场合均能穿着，一些运动鞋还可以临时用于打篮球、踢足球、登山等运动。但是如果要长期从事某一项运动，最好穿着专项运动鞋，如弹性较好的篮球鞋、抓地感强的足球鞋、附着力强的攀岩鞋等。晨跑运动时也不例外，应选择专业的跑鞋。

与一般的运动鞋相比（图 2-1），跑鞋更加修长，其版型设计也与人的脚更加贴合，具有很好的包裹性。有些专业跑者甚至会专门根据自己的脚去建模来设计一双合脚的跑鞋。而运动鞋为了适应人们在长时间运动后脚部可能浮肿的问题，往往设计得较为宽松。

此外，跑鞋的重量比较轻，运动负担较小，运动鞋的重量通常会比跑鞋重，运动负担较重。

如果想长期坚持晨跑，同时在跑步中减少运动损伤的发生，建议买一双专业的跑鞋。具体可以针对自己的需求选择减震、稳定或运动控制性好的跑鞋。

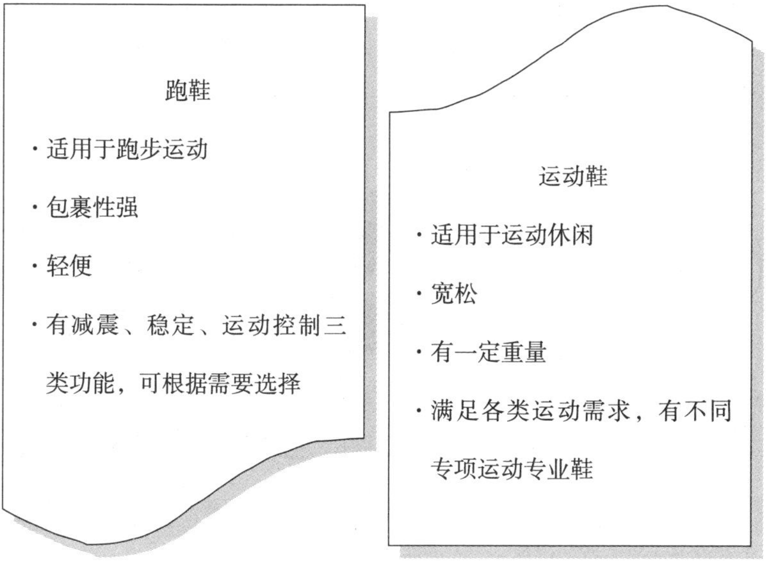

跑鞋
- 适用于跑步运动
- 包裹性强
- 轻便
- 有减震、稳定、运动控制三类功能，可根据需要选择

运动鞋
- 适用于运动休闲
- 宽松
- 有一定重量
- 满足各类运动需求，有不同专项运动专业鞋

图 2-1　跑鞋与运动鞋的简单对比

科学跑步 晨跑与夜跑

晨跑时应穿什么样的跑鞋

参与晨跑,到底应该穿什么样的跑鞋呢?具体要从跑步过程中脚部的舒适度、运动安全等方面来考虑。一般认为,适用于晨跑(也适用于夜跑)的跑鞋应具备轻便、减震、透气等特点(图2-2)。

轻便　　减震

透气　　包裹性强

耐磨　　防潮防滑

图2-2 晨跑跑鞋应具备的特点

● 轻便。跑鞋应轻便,过重的跑鞋会增加晨跑过程中的运动负担，会让运动疲劳提前到来，或因脚部负重引发动作变形而导致扭伤。

● 减震。晨跑过程中，双脚交替腾空、着地，每一步都会让地面对脚部产生较大的冲击力，减震的跑鞋能减少脚部受到的冲击。

● 包裹性强。包裹性强的跑鞋能提高脚部的舒适度，也有助于避免鞋子不合脚而导致磨脚或摔倒受伤。

● 透气。透气的跑鞋能有效避免脚部出汗黏腻、脚臭等问题。

● 耐磨。耐磨的跑鞋有助于延长跑鞋的使用寿命。

● 防潮防滑。晨跑时可能会遇到湿滑的地面，防潮防滑的鞋子能为跑步安全增加保障，也可以避免因鞋子潮湿而使脚部感到不适。

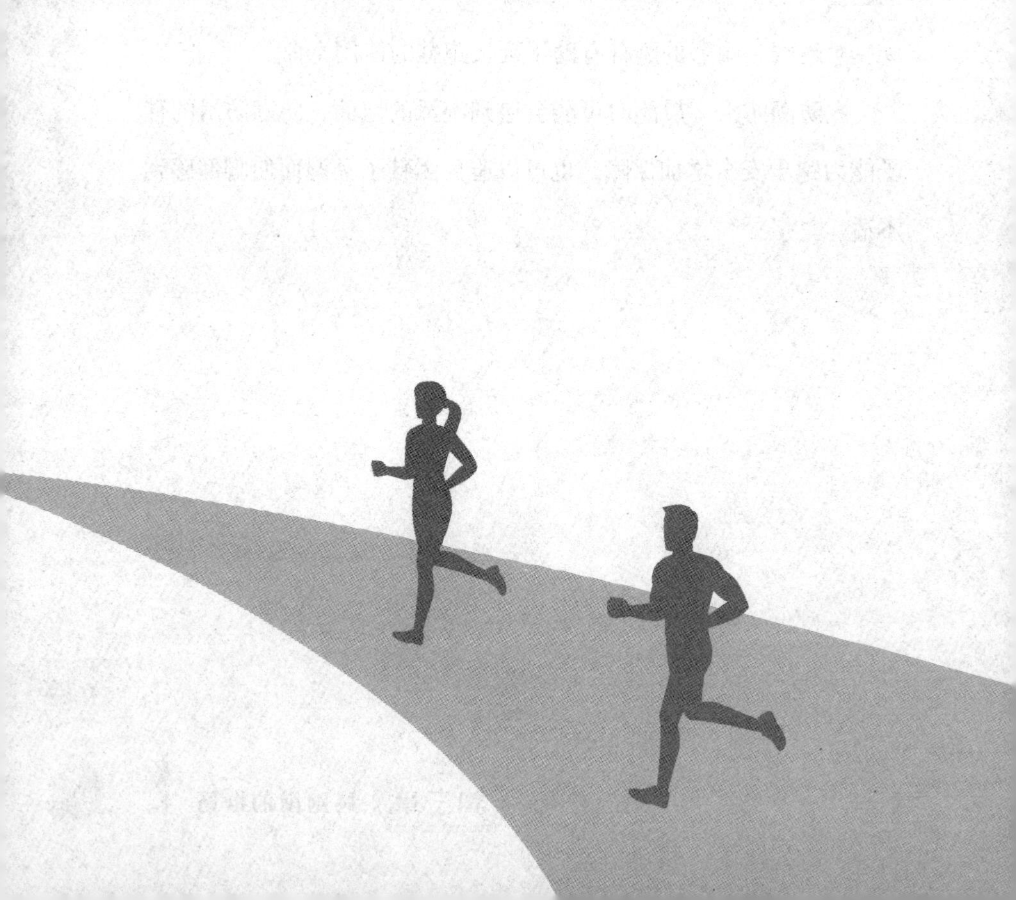

运动服

畅所欲言

参与晨跑怎么能不拥有一套穿着舒适、款式时尚的运动服呢？运动服是在晨跑开始前就要准备的运动装备。

你知道该如何挑选运动服吗？运动服应该挑选更宽松的还是更紧身的呢？什么面料的运动服穿起来更舒服透气呢？你在购买运动服时有没有遇到过一些"坑"呢？快来分享一下你的经验吧。

大多数跑友在正式开始实施晨跑计划前，都会先为自己选购一身运动服，这是非常有必要的。一身合适的运动服能让人在晨跑过程中感到更加轻松舒适。

具体来说，在选购晨跑所需的运动服时（夜跑亦可参考），应重点关注运动服的面料、功能性、款式与价格等。

优选面料舒适的运动服

运动服的面料会直接影响晨跑者的穿着体验感，具体涉及运动服的舒适度、透气性、排汗性等，因此晨跑者在选择运动服时应首先考虑运动服的面料。

首先，用于晨跑的运动服面料应柔软亲肤。

面料柔软的运动服，穿着舒适度高，同时可有效避免跑步期间皮肤（尤其是胸部、腋下、大腿内侧等部位）受到衣服的摩擦而受伤。

一般来说，棉质面料衣服舒适，尤其适合敏感肌肤，但可能存在被汗水打湿后不易干的问题。

其次，运动服的透气性要好。

透气性好的运动服可有效防止体味聚集，有很好的防臭效果。

另外，在晨跑过程中，跑步者会大量出汗，透气性好的衣服能将汗水快速排到衣服外面，避免积汗，让身体更加舒适，同时也有助于避免运动后着凉。

最后，运动服的面料应轻薄。

面料轻薄可减轻运动负担，轻装上阵跑得更快更舒服，因此晨跑时应尽量选择面料轻薄的运动服。

关注运动服的功能性

功能性是在选购运动服时要认真考虑的问题，具体可以根据季节、天气等选择具有不同功能性的晨跑运动服。

- 防风保暖。在春秋季或多风地区，晨跑时应穿上防风性能较好的运动服；冬季晨跑或夜跑，可选择保暖性能好的运动服（图2-3），一些运动服的面料具有蓄热保暖功能，可避免体温散失。
- 防水。小雨天气晨跑，可以选择防水性好的运动服。
- 耐磨。耐磨的运动服可穿得更久。
- 弹性功能。运动服应贴身，这样有助于减轻奔跑阻力，同时运动服还应具有良好的弹力，让手臂、双腿能很好地完成摆臂、屈膝动作而不会受到束缚。

科学跑步　晨跑与夜跑

● 保护功能。有些运动服在剪裁上会考虑到对身体局部部位的承托和保护性，如承托臀部，减轻关节、骨盆负荷，可以有针对性地去选购。

图 2-3　保暖性能好的运动服

兼顾运动服的款式与价格

选购运动服，款式和价格也是要考虑的因素。一些款式时尚、配色新潮的运动服能很好地展示身材和提升审美品位，很多晨跑者都会有自己钟爱的运动服品牌和款式。

此外，大家都希望自己可以选购到性价比高的运动服，对此可以根据自己的预算选购，适合自己的才是最好的。

综合以上特点（图2-4），结合自身需求和喜好，相信你一定能选择到一款适合自己的运动服。

图2-4 选购晨跑运动服的要点

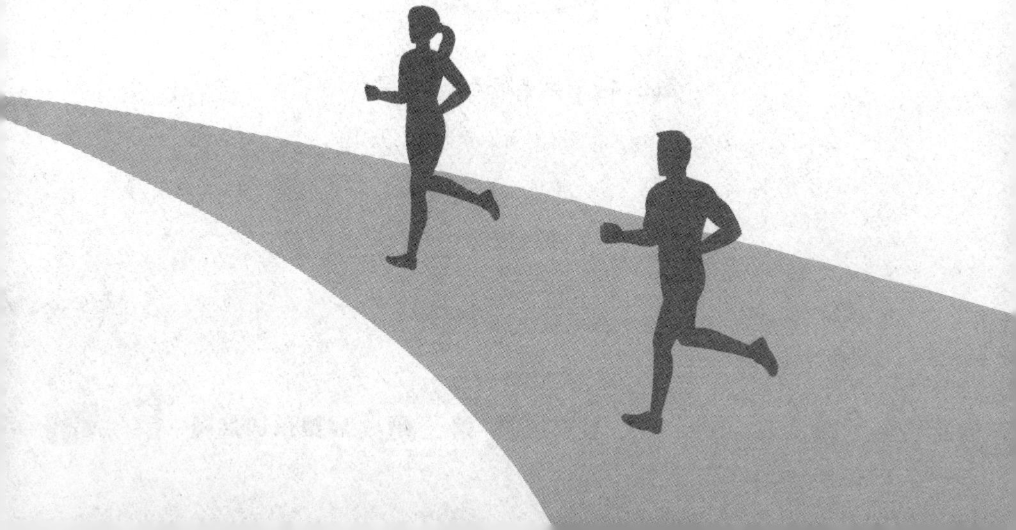

电子装备

畅所欲言

一边听音乐一边晨跑,偶尔查看手机或运动手表看时间或自己当下的跑步心率,是很多跑友的晨跑常态。

在你的晨跑过程中,哪一种电子装备的使用率较高呢?你知道晨跑运动爱好者经常用到的电子装备有哪些吗?不同的电子装备又具有哪些功能呢?

参与晨跑，不可避免地会使用到一些电子装备。不同的电子装备的功能不同，下面具体介绍几种使用率较高的晨跑电子装备，认识下它们对晨跑有哪些帮助和作用。

晨跑适用的电子装备

手机

移动互联网时代，几乎人人离不开手机，手机不仅是很方便的通信工具，也是很好的晨跑伴侣。

利用智能手机可以下载安装你所需要的运动 App，通过运动 App 制订晨跑计划、监测晨跑时的心率、配速，生成晨跑路线或轨迹，还可以协助生成个人身体健康数据，远程监测家人运动数据等。

此外，一些运动 App 还支持运动指导、运动交友，不仅可以让你了解和学习一些关于晨跑的知识，还能让你交到一些有共同晨跑运动爱好的朋友。当然交友需谨慎，应注意保护好个人安全和隐私。

运动手环 / 运动手表

运动手环是一个比较方便携带的电子设备,它可以通过传感器分析皮肤下的血液流动并扫描到脉搏变化,进而显示实时心率。目前,市场上的运动手环大都具备监测和显示心率、步数、卡路里消耗等数据信息的功能。

运动手表和运动手环功能类似,但比运动手环更加智能。运动手表不仅具备运动手环的一般功能,同时还可以进行步频、配速、运动时长等高级运动分析,并可通过蓝牙连接手机、支持短信和电话提醒等(图 2-5)。

监测心率、步数、卡路里消耗

显示步频、配速

分析运动时长、运动距离、运动质量

短信和来电提醒

图 2-5 运动手表的基本功能

科学跑步 晨跑与夜跑

! 心率带

心率带可在晨跑时系在胸前使用,常见的心率带有有线和无线两种,晨跑时推荐使用无线心率带。

心率带可实时监测心跳,评估身体健康状况,可用于避免运动超负荷情况的发生。

在使用心率带前,可以提前设置目标心率区间,如果在晨跑过程中的心率超出所设置的心率区间,心率带可发出警报声。

! 运动耳机

许多晨跑者习惯一边听歌一边晨跑,很多运动智能耳机的设计非常实用,可以让你更好地享受音乐,同时还不会影响或干扰跑步。

运动耳机内置体感传感器,晨跑时,可以通过点头或摇头来切歌,而不需要手动操作,这样可有效避免跑步节奏被打乱。

骨传导式耳机不用入耳,既可避免耳朵长时间佩戴耳机产生不适感,又不会完全屏蔽外界环境音,是非常不错的运动耳机类型。

如果在晨跑过程中不小心摔倒,一些运动耳机可拨打紧急联系人的电话,为晨跑者增加了一份安全保障,尤其适合老年人。

温馨提示

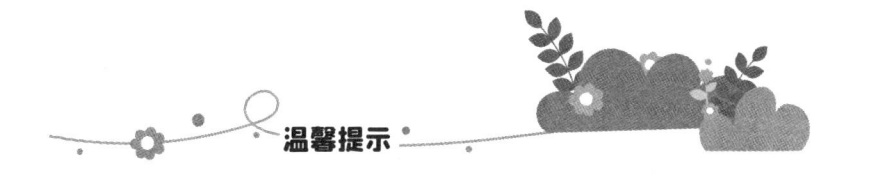

手机太大，晨跑时不方便携带怎么办

很多跑友反映，在晨跑时带手机会遇到如下困扰：如将手机拿在手里，手机容易跌落；将手机放在口袋里，口袋会偏重，且手机会随跑步动作来回晃动，影响跑步体验。

这里为你提供以下妙招帮你解决上述困扰。

- 晨跑时佩戴臂带，将手机固定在臂带内。
- 可穿戴有手机套的运动背带，将手机背在身后。女性晨跑者还可以穿戴后背带有内置手机套的运动文胸。
- 如果对晨跑数据需求不高，可以佩戴小巧轻便的电话手表，方便和亲友联系。

晨跑所用电子装备的选购事项

选购晨跑所用电子装备,应注意以下几点。

● 防水。电子装备应有防水设计,以抵御汗水、雨水侵袭。

● 防脱落。电子设备通常配有固定在身体上的配件,配件穿戴应方便、舒适、稳固,电子设备不会轻易掉落。

● 防丢失。如当一只运动耳机掉落后,另一只运动耳机超过一定距离可发出警报声。

● 优选大品牌、质量好、售后有保障的电子装备。

必要的体检

畅所欲言

长期没有运动习惯的人，一旦开始持续参与运动，身体会有各种不适情况发生。

你有每年定期体检的习惯吗？请谈一谈你对晨跑要不要体检的看法吧。

与其他运动方式相比，晨跑是一项相对比较温和的运动方式，正因如此，也让很多人忽略了在晨跑前进行体检这件事。

从运动安全的角度来说，由于每个人的身体素质不同，在准备进行系统的晨跑锻炼前，进行体检是非常有必要的，尤其是老年人、大病初愈者、产后的宝妈等人群，应重视跑前体检。

这里的体检是指广泛地对身体开展的各项检查，既包括体重、心率、血压等常规检测，也包括心肺功能、血液、尿液等专项检查。

参与长期、系统晨跑健身锻炼前，推荐检查以下项目。

● 病史自查。了解是否有需谨慎参加或不适合参与晨跑锻炼的疾病，如低血糖、关节炎、心脏病等。

● 血压。检查血压是否正常，正常成人的收缩压（高压）为90～139毫米汞柱、舒张压（低压）为60～89毫米汞柱，具体因人而异。一般来说，高血压患者晨起后存在"晨峰现象"，血压较高，因此不建议高血压患者参与晨跑。[1]

● 心率。检查心率是否正常，正常成人的心率为60～100次/分。

● 呼吸。检查是否有呼吸道疾病。

---

[1] 康养社区."三高"人群到底能不能跑步？[J].名医，2021（01）：32.

- 心电图。检查心脏功能是否存在异常。
- 血液检查。检查肝功、肾功、血糖等生化指标。
- 骨密度检查。检查骨量、骨质疏松、关节病变等。

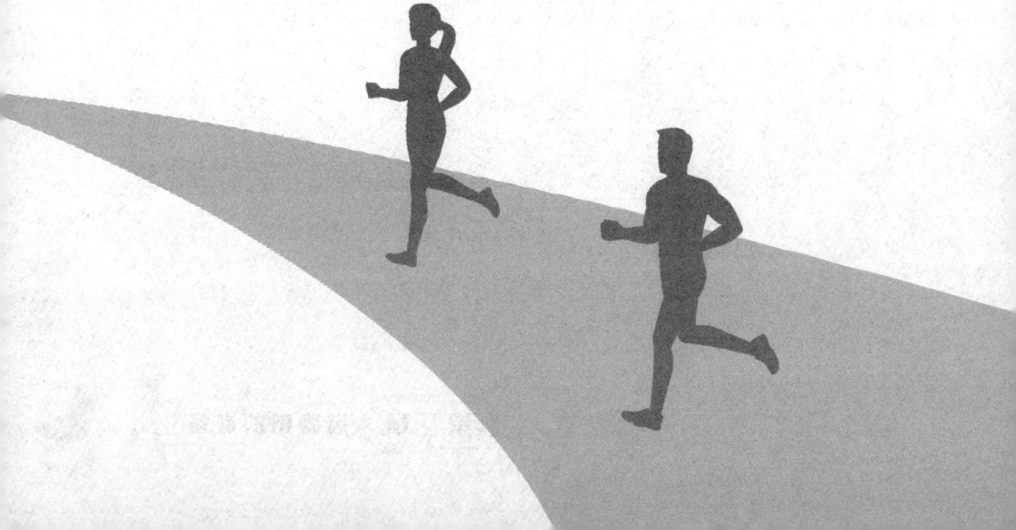

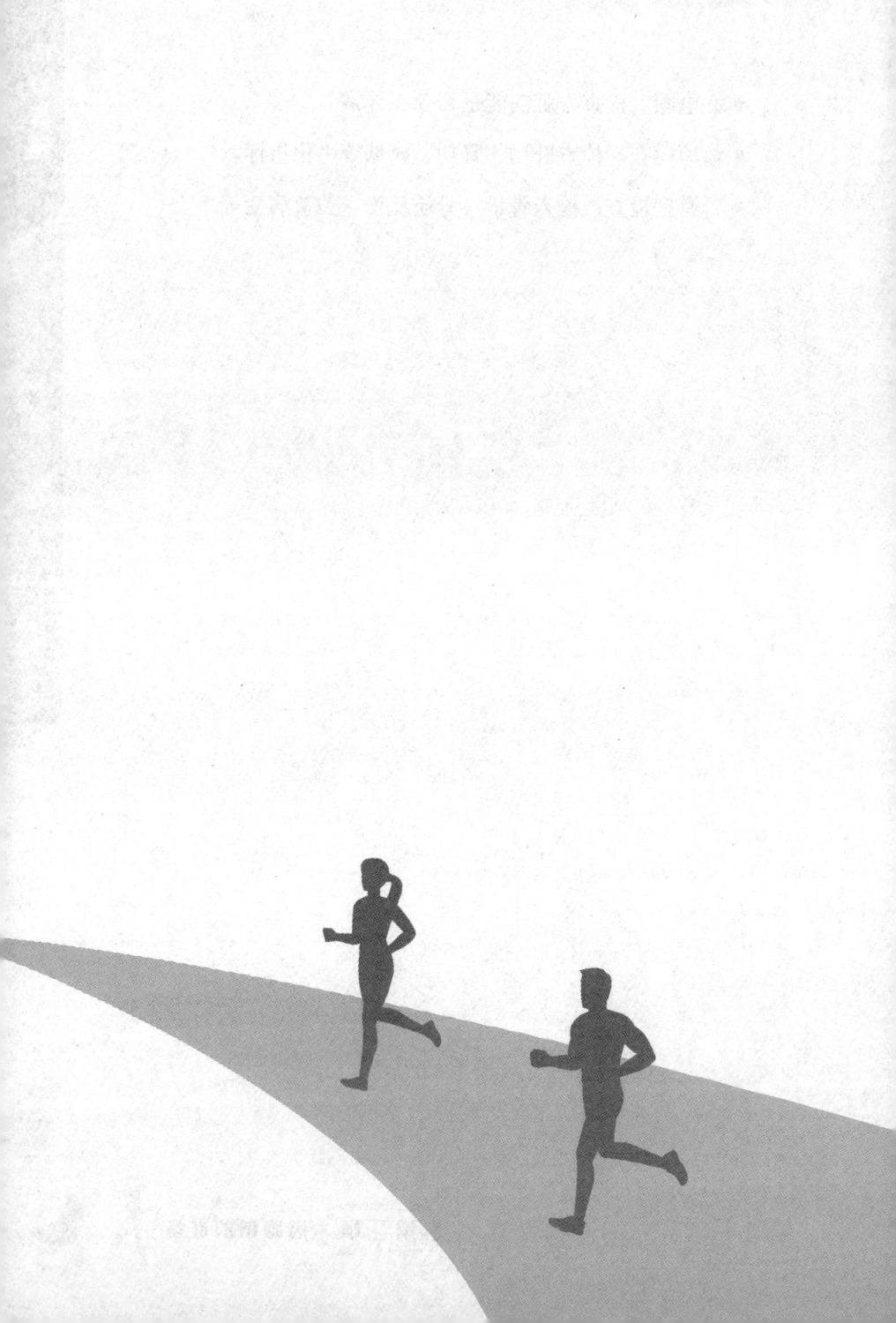

关注天气变化

畅所欲言

如果天气晴好、空气清新，在晨跑过程中还能欣赏到日出，这是多么美好的一件事情。

你每天有查看天气预报的习惯吗？你认为雨雪天气适合晨跑吗？如何判断空气质量是否适合晨跑呢？

晨跑环境，首选空气清新的户外，如在社区、森林、公园的健步道上跑步。既然选择户外的运动场所，那么关注晨跑当天的天气变化很有必要，这样能让晨跑有备无患。

这里重点针对晨跑时天气不太理想的情况做以下提示。

● 有风的天气。一般来说，微风下的晨跑会十分惬意。如果风力较大，则应注意穿防风的运动服进行晨跑；如果是大风伴有沙尘的天气，则不推荐进行户外晨跑，可暂停一天。

● 雨雪天气。小雨、小雪天气，对晨跑影响不大，可正常开展晨跑；中雨、大雨、中雪、大雪天气，气温较低、能见度也比较低，尽量不进行户外晨跑。

● 雾霾天气。尽量不参加户外晨跑。

● 较热、较冷的天气。较热的天气下晨跑，应注意防晒、防中暑、科学补水；较冷的天气下晨跑，应注意保暖、御寒，跑后及时更换干爽的衣服。

● 其他极端天气。不建议户外晨跑。

长期参与晨跑，难免会遇到天公不作美的时候，如遇到大风、暴雨、雾霾等天气，又不想改变自己的晨跑计划，可以选择利用跑步机开展晨跑。

第三章

晨跑到底应该怎么跑

从了解晨跑到晨跑装备准备就绪，接下来就可以好好享受一段美妙的晨跑旅程了。

可是，晨跑究竟应该怎么跑呢？几点出门？跑步速度应该快还是慢？晨跑后如何放松身心？如何坚持晨跑？这些问题都应该做到心中有数。

以慢跑为主，跑步方式多样化

畅所欲言

晨跑时，不必急功近利，也不必身心紧张，只需享受当下的节奏和沿途的风景就好。

你在晨跑时会不自觉地追求跑步的速度吗？你认为晨跑时选择慢跑好还是快跑好？在坚持一段时间的晨跑后，你会有想要改变跑步方式，让晨跑更有趣的想法吗？

跑步目的不同，跑速选择也应不同。

如果想通过晨跑达到强身健体、减肥燃脂的目的，那么慢跑是最佳选择。

如果想通过晨跑来提高竞技能力、参加比赛，那么需要在专业教练的指导下进行爆发式起跑、长距离耐力跑、冲刺跑等训练。

对大多数人来说，选择晨跑是为了改善体态、美体瘦身、调整生活方式，因此这里推荐以慢跑为主的晨跑。

晨跑采用慢跑的好处

- 慢跑是一种有氧运动，有利于燃脂、减脂。
- 慢跑运动门槛低，正因如此，男女老少均可参与晨跑。
- 慢跑在有效激活身体活力的同时，又不会使身心过于疲惫而影响接下来一天的学习和工作，能让晨跑有良好的运动效果。
- 坚持以慢跑进行晨跑，有助于促进新陈代谢，增强食欲，神采奕奕地迎接每一天。

多样化的晨跑方式

坚持晨跑一段时间后，跑步新鲜感就会慢慢褪去，部分跑友会觉得跑步是一件枯燥的事情。其实，除了可以通过一边听音乐或广播一边跑步来优化跑步体验，还可以尝试变换以下跑步方式，来让晨跑变得更加有趣。

原地跑

原地跑不受场地限制，可以在很小的空间内完成晨跑的愿望。当不方便外出时，原地晨跑是非常不错的选择。以原地跑进行晨跑应注意以下几点。

- 不在有积水、湿滑的地面上跑。
- 晨跑中，可以通过变化跑速、动作幅度等来丰富跑的形式。

变速跑

变速跑，即不断变换晨跑速度，一会儿快跑，一会儿慢跑，快跑和慢跑交替进行。以变速跑进行晨跑应注意以下几点。

- 循序渐进，先慢跑后快跑。

- 快跑时间不宜持续太久，不要跑到身心非常疲惫，快跑仅推荐作为慢跑中的短暂过渡。
- 保持和平时晨跑一样的时间。
- 准备快跑变速时，注意提前观察周围的人和景物，避免撞到其他晨跑的人或路过的人。

倒着跑

倒着跑，顾名思义，就是背向前进方向，双腿向后交替退进的跑步方式。以倒着跑进行晨跑应注意以下几点。

- 在平整的路面上进行晨跑。
- 晨跑的速度不宜太快，应比平时晨跑速度更慢。
- 跑时注意抬头挺胸，上体正直且稍向后，注意维持身体平衡。

障碍跑

障碍跑，可以利用自然物体做障碍物，也可以人为设置障碍物，这种晨跑方式可以提高身体的应变能力，富有挑战性。以障碍跑进行晨跑应注意以下几点。

- 障碍物宜低矮，容易踏上、跨过或绕过。

- 不要设置和选择需要钻过、跳起或攀登的障碍物。
- 如没有较大场地，可以利用在地上画绳梯、画标杆的方式进行障碍跑，也可以在一块小场地上来回跑。
- 注意运动安全。

气功慢跑

气功慢跑是一种新兴的、时尚的跑步方式，它讲究在跑步中调心、调息，以气功慢跑的方式进行晨跑应注意以下几点。

- 保持正确的跑步姿势。
- 跑前，先原地站立，闭目、自然呼吸、放松身心、意守丹田5分钟。
- 跑步时，采用自然呼吸，保持全身放松，跑速不要太快。
- 跑步时，迈大步，着地时每一步都要踏稳。
- 跑后，继续散步一段距离，一边深呼吸，一边双手在胸前划弧。

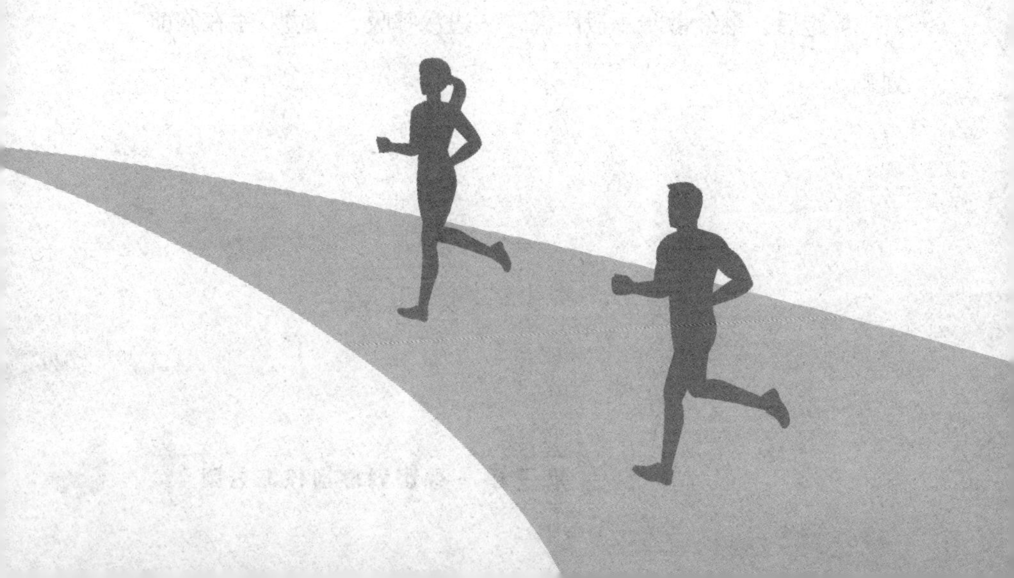

合理控制跑步时间

畅所欲言

由于每个人的生物钟不同,学习、工作安排不同,晨跑时间的长短因人而异。

你一般晨跑多长时间?每天晨跑的时长是否相同?你觉得有必要将每天晨跑的时长固定下来吗?

科学跑步 晨跑与夜跑

科学晨跑（图3-1）应合理控制晨跑时间，这里的晨跑时间具体是指跑步持续的时间，即跑步时长。

图3-1 科学晨跑

科学晨跑绝不能随心所欲，如时常赖床晚起，晨跑时长一再压缩；或某天突然心血来潮，一天跑出两天的运动量。跑步时长忽长忽短，完全没有任何规律，不仅达不到好的健身、燃脂效果，还有可能打乱自身生物钟，有害身体健康。

晨跑期间，想要合理控制跑步时间，应做到以下几点。

● 每天晨跑的时长控制在30~60分钟，时间过短，运动效果不佳，时间过长，会身心疲惫。

● 每天晨跑的时长应相对固定，如无特殊情况，不要轻易大幅度增减时长。

● 不要熬夜，确保第二天能按时起床，准时开始跑步。

● 每天按时起床，按时出门，不拖延。

● 提前定好闹铃，或找同伴一起晨跑，坚持执行晨跑计划，不要三天打鱼两天晒网。

● 即使某天预留的跑步时长不太够，也不要忽视热身和拉伸，这种情况下可适当压缩跑步时长，确保能完成跑前热身与跑后拉伸。

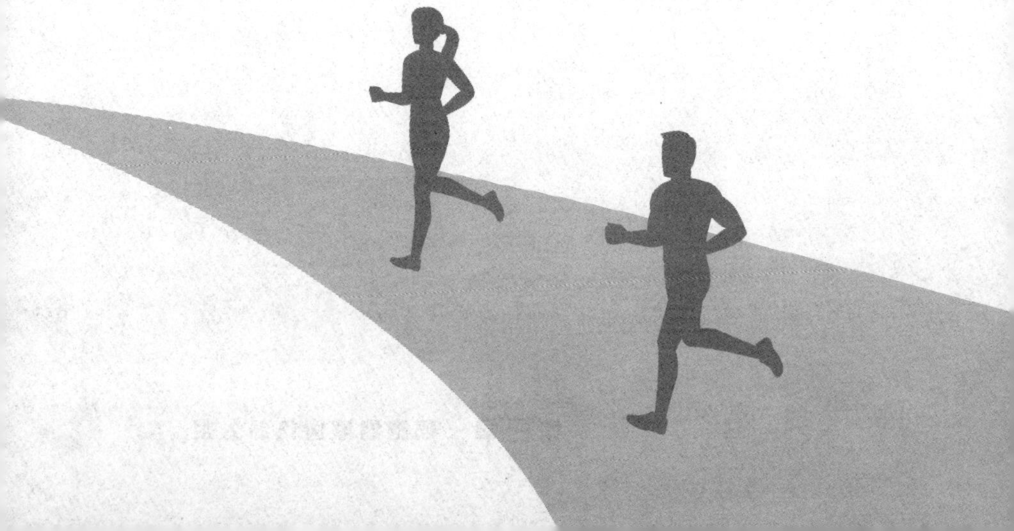

跑后放松

畅所欲言

晨跑后,身心处于高应激水平状态,而从运动状态逐渐过渡到安静状态,需要一定的时间,也需要主动干预调整。

你经常在晨跑结束后就赶紧回到住处准备上学或上班吗?你认为跑后放松是必要的吗?为什么?

晨跑后，体温升高，心率加快，身体大量出汗，整个身体都处于一种比较紧张的状态，因此跑步结束并不意味着整个晨跑活动就结束了，还需要帮助身体从运动状态逐渐过渡到跑前的安静状态，而不能放任不管。

跑后放松的必要性

很多人认为，"我每天都很忙，能挤出时间进行晨跑已经很不容易了，为什么不能跑完就去忙其他事情呢？"这样想固然是受客观条件所限，但不代表这样想、这样做就是对的。

跑后放松非常有必要，不容忽视，否则可能引发以下问题。

● 晨跑后，身体的肌肉处于紧张和疲惫的状态，如果跑后不进行任何身体活动进行放松，可能导致肌肉不能有序收缩，会引发抽筋和加重跑后的肌肉酸痛。

● 晨跑后突然停止身体活动，身体各系统可能无法适应身体状态的突然变化，如血液不能顺利回流，心脏和大脑血氧供应不足，进而会引发身体各种不良反应。

因此，为了避免跑后各种不良症状的出现，请一定为晨跑后预留足够的时间做必要的放松活动。

温馨提示

晨跑后忌讳做以下事情

晨跑会消耗一定的体内能量，跑后会身心疲劳，此时切记不要做以下事情。

- 马上蹲下或坐下。晨跑后，马上蹲下或坐下会导致血氧回流（心脏）困难，容易头晕、恶心。
- 马上大量喝水。跑后身体还处于剧烈运动状态，即刻大量饮水会引发咳嗽，增加心脏负担。
- 马上快速吃早餐。很多人习惯晨跑后匆忙吃早餐去上班，这是不科学的做法，身体疲劳可能引发或加重消化不良。
- 马上吃冰冷食物。晨跑后身体体温较高，此时马上吃冰冷食物解热、解渴，容易引起咳嗽或胃部不适。
- 马上吹冷风。即使是夏天晨跑后很热，也不要马上吹空调或吹电扇，以免感冒。

可以选择这些方法进行放松

● 跑完后,降低跑速再慢跑一段距离,然后再走一段距离,逐渐过渡到停下。

● 深呼吸可以帮助身体放松,减轻心脏压力。

● 可以通过做一些伸展动作,帮助肌肉放松。

● 晨跑后,可以用手按摩酸胀的肌肉,以促进血液循环,帮助肌肉放松。

● 晨跑过程中身体会大量出汗,跑后科学补水有助于身体疲劳恢复。

● 晨跑后可以通过听音乐、看书、上网等方式放松心情,让心情保持愉快,促进身心能量恢复。

晨跑计划制订

畅所欲言

想要长期坚持晨跑,就有必要制订一份适合自己的晨跑计划。

在晨跑期间,你能做到按时出门跑步吗?关于每天的跑步时长、跑步配速、跑步路线,你有具体的规划吗?关于每周跑步的次数,你有自己的想法和具体安排吗?

晨跑计划能为晨跑提供动力，具体来说，应结合晨跑目标、身体素质水平等自身实际情况来制订，而不必照搬他人的晨跑计划。

初跑者晨跑计划

晨跑初期，运动量和运动强度都不宜太大，可参照下表（表3-1）开展晨跑，待身体适应当下晨跑计划的运动强度后，再结合自身情况有序增加晨跑的时间、距离、频次。

表3-1 初跑者一周晨跑计划

日期	晨跑形式
星期一	10分钟热身跑＋30分钟走跑练习（按每10秒跑55秒走的组合进行）＋10分钟快走
星期二	10分钟热身跑＋10组400米跑（每组间休息2分钟）＋10分钟快走
星期三	10分钟热身跑＋30分钟小步幅跑＋10分钟快走
星期四	10分钟热身跑＋30分钟小步幅跑＋10分钟快走
星期五	10分钟热身跑＋30分钟小步幅跑＋10分钟快走
星期六	10分钟热身跑＋30分钟上坡跑或负重跑＋10分钟快走
星期日	以有氧运动为主的积极性休息，如散步

上述晨跑计划表仅供参考，你可以结合自己每天起床、出门的作息时间，来明确跑步时长、拉伸时长等。

如果你的身体素质良好，可以在上表的基础上加大运动难度，但晨跑初期，不宜强度过大。

制订晨跑计划时的注意事项

无论是初跑者，还是有丰富晨跑经验的人，在制订晨跑计划时都要注意以下几点。

- 每天晨跑的时间应在30~60分钟。
- 从每天慢跑5~10分钟开始。
- 晨跑计划中应包括放松、拉伸内容。
- 晨跑目标要务实，不要好高骛远。
- 晨跑计划中的跑步时间、跑步距离、每周跑步频次等参数应有序、逐步提高，不要揠苗助长。
- 根据身体情况适时调整晨跑计划，让自己每天都能保持良好的晨跑状态。
- 初跑者应考虑身体的适应能力，可步行、快走、慢跑交替进行。
- 有经验的跑者如果想减脂瘦身，应注意控制跑速，避免不自觉地提高跑速，让晨跑能以慢跑形式为主，以有氧运动为主。

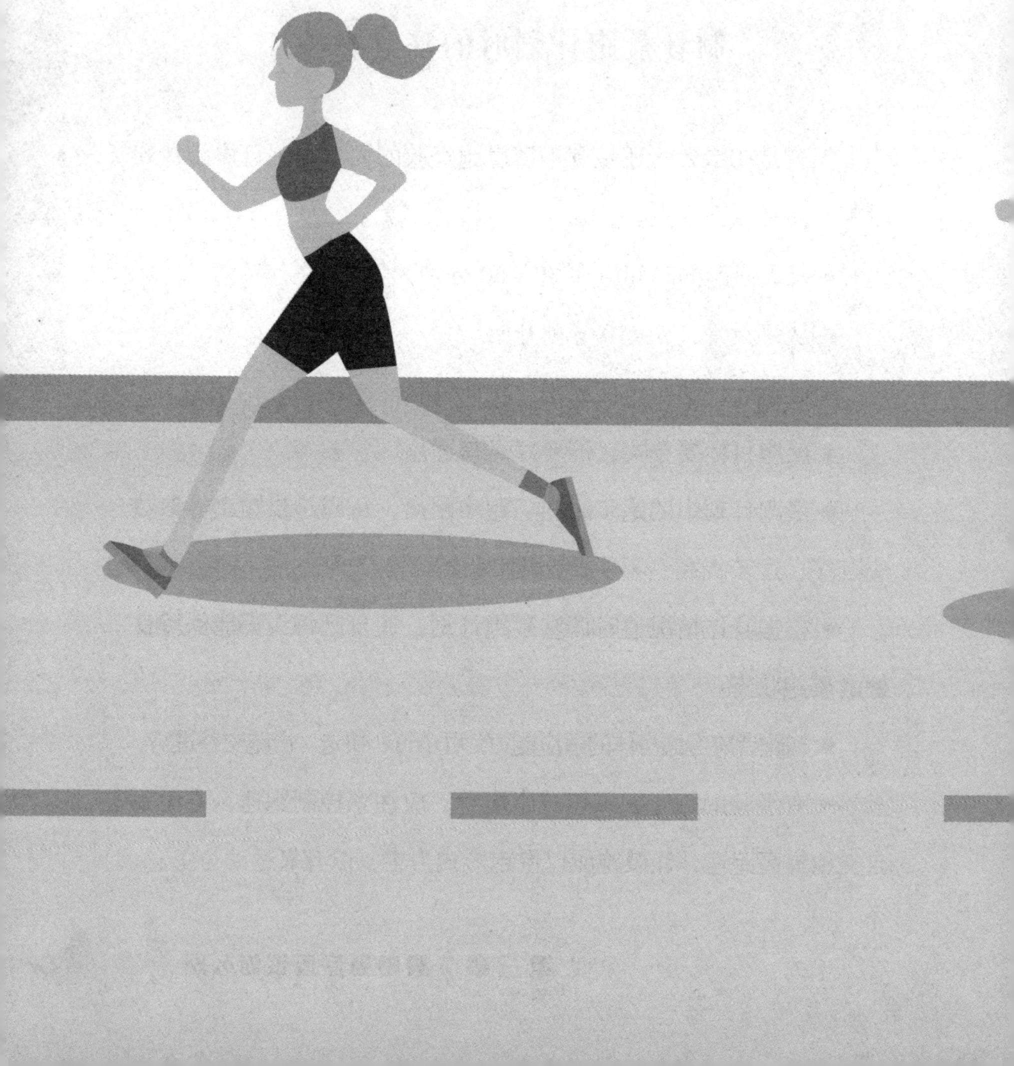

第四章

关于晨跑的常见疑问

清晨万物苏醒,不妨以晨跑运动开启一天的好心情。有效的晨跑运动,能令我们一整天都保持精力充沛。

但在晨跑之前,需要了解一些关于晨跑的常见问题。比如,在哪里晨跑更能达到效果?晨跑的最佳时间是几点?吃完早饭跑还是空腹跑?跑多久比较合适?了解相关注意事项,能帮助我们科学晨跑,高效晨跑,快乐晨跑。

在哪里晨跑

畅所欲言

想要提高晨跑的运动效率、加强晨跑的锻炼效果,首先要选好晨跑场地。知道在哪里晨跑,对于晨跑爱好者而言,十分重要。

你会选择哪些场地开展晨跑运动?你知道在哪里跑更能加强晨跑的锻炼效果吗?你知道哪种跑道更适合晨跑吗?

对于有晨跑习惯的人而言，选好晨跑的场地十分重要。场地选对了，晨跑就会更加轻松、愉悦，晨跑效果增倍；场地选错了，不仅会干扰晨跑的心情，还可能会对身体造成一些伤害。

这些场地适合晨跑

● 公园。大多数公园环境优美、空气清新，且远离喧闹，车流量少，安全系数高，比较适合晨跑（图4-1）。

● 晨运广场。城市里的一些小区内部或附近配备的晨运广场，可供人们早起健身、锻炼身体，是非常不错的晨跑场地。

● 城市绿道。城市绿道一般能够满足人们散步、跑步等需求。尤其是一些沿江、沿海城市设有环江、环海绿道，周边视野开阔，空气宜人，比较适合晨跑。但需要注意的是，最好选择禁止车辆通行且人流量较少的绿道，以免发生危险。

● 乡间道路。如果居住在乡间，也可以选择在乡间小道上进行晨跑运动，伴着鸟鸣、闻着草木花香开启一天的好心情。

● 室内跑步机。如果周边没有适合晨跑的场地，也可以利用室内跑步机锻炼身体，随心所欲地沉浸在自己的晨跑世界里。

图 4-1　在公园晨跑

这几种材质的跑道适合晨跑

在合适的跑道进行晨跑运动，能加强运动效果，减少运动伤害。以下几种材质的跑道比较适合晨跑。

● 塑胶跑道。塑胶跑道平整度较高、软硬适中，减震功能强，对于晨跑者而言是很好的选择（图 4-2）。

● 柏油马路。柏油马路有着不错的缓冲性和弹性，也比较适合晨跑。

第四章　关于晨跑的常见疑问

科学跑步 晨跑与夜跑

图 4-2 在塑胶跑道上晨跑

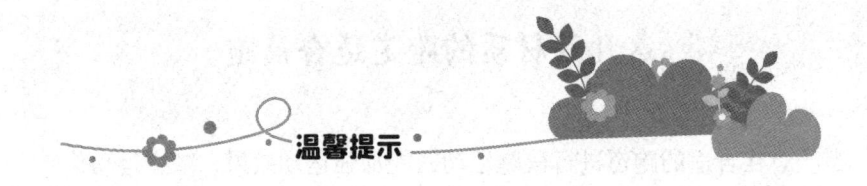

温馨提示

哪些场地不适合晨跑

生活中，有一些场地并不适合晨跑。比如，在下面这样的场地中晨跑，非但起不到锻炼效果，还可能带来很多隐患。

- 人流量、车流量多的马路。在这样的场地晨跑，除了会吸入过多的汽车尾气和灰尘,伤害身体健康,还很容易发生意外事故。

● 不平坦的、台阶多的道路。在这样的场地晨跑,可能会对腿部关节、肌肉造成损伤,还有摔倒的风险。

● 过于偏僻的道路。女性尤其不要去过于僻静的场地晨跑,可能会存在未知风险。

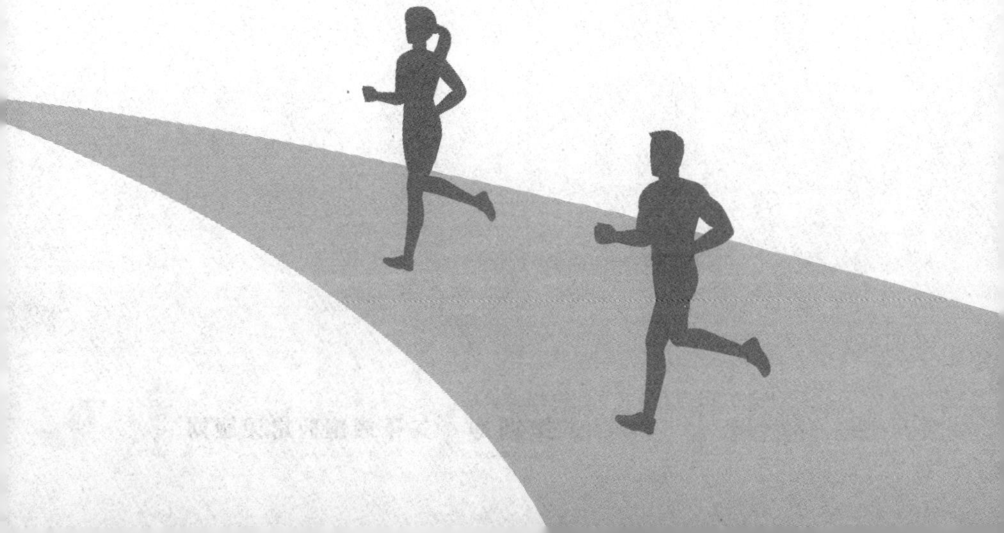

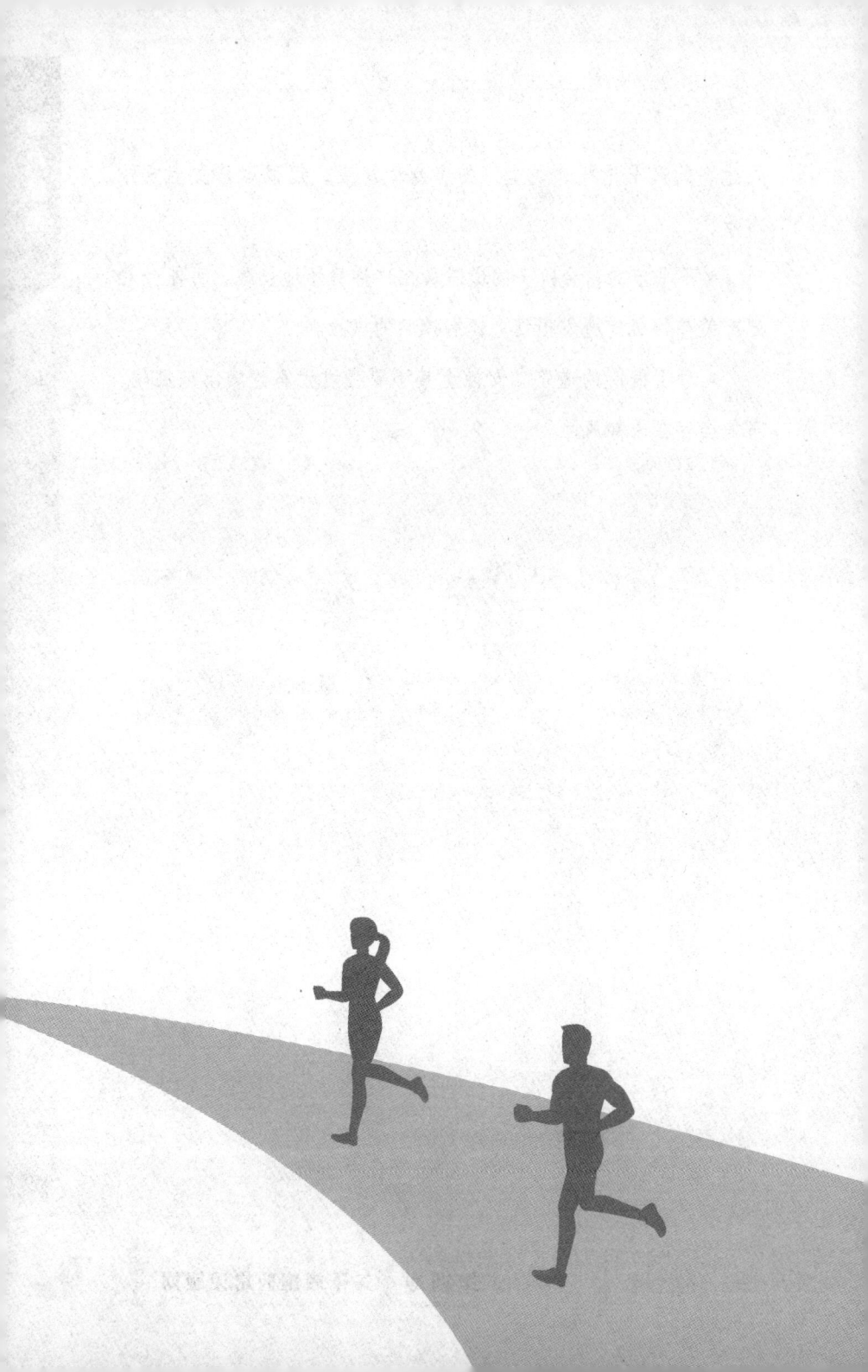

晨跑的最佳时间是几点

畅所欲言

　　晨跑者除了要掌握晨跑技巧外，还要掌握晨跑的最佳时间。选择适宜的时间出门晨跑，对身体健康大有裨益。

　　你通常几点出门晨跑？你知道晨跑的最佳时间是几点吗？

科学跑步 晨跑与夜跑

选择出门晨跑的时间很是关键。在最佳时间段参与晨跑运动，可以提神醒脑，有效提升身体素质（图4-3）。但如果出门锻炼的时间不适合，反而可能危害身体健康。

需要注意的是，不同季节的清晨有着不同的气候特点，气温变化也不同，应根据季节特点去选择最佳的出门时间。

一般情况下，温度适宜的时候，可选择在上午的7:00至9:30期间出门进行晨跑运动。原因如下。

首先，晨跑是有氧运动，晨跑者需要在氧气充足的情况下进行运动。在这一时间段，太阳将逐渐升起，植物接受光照进行光合作用，从而释放大量氧气，这就为晨跑者创造了比较适合的锻炼环境。

图4-3 晨跑令人活力倍增

其次，随着太阳升起，空气温度上升，雾气消散，此时出门晨跑能避免受寒，晨跑起来也更加安全舒适。

当然，每个人的情况都不同，要根据个人情况以及天气的变化来决定具体的晨跑时间，并灵活调整。

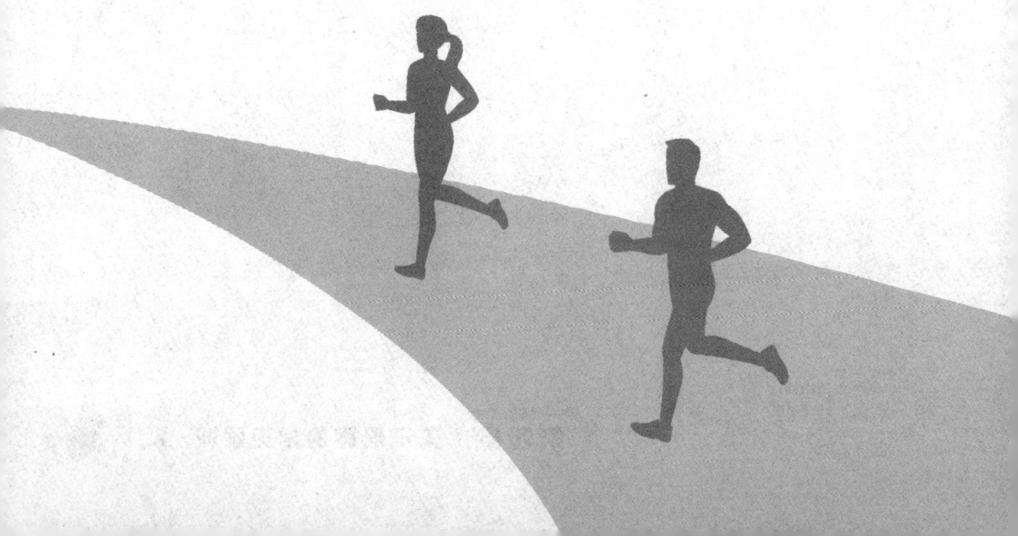

吃完早饭跑，还是空腹跑

畅所欲言

"餐后跑更健康""早上空腹跑步才能得到更好的锻炼效果"……类似这样的言论是否也让你疑惑不解，不知哪种说法才是对的？

吃完早饭再跑和空腹跑，究竟谁优谁劣？你平时是习惯于先进食再晨跑还是空腹跑，有什么感受？

究竟是吃完早饭再去晨跑好还是空腹晨跑好？想要弄懂这一问题，不妨来了解下空腹晨跑的危害及晨跑前进食的注意事项。

谨慎空腹晨跑

人在空腹的状态下运动，新陈代谢会加快，因此会有更好的燃脂效果。但并不是每个人都适合空腹晨跑，它可能会产生以下危害。

- 容易增加肝脏负担，如果跑步的动作幅度过大，还可能导致心跳加速、心律失常。
- 容易低血糖，造成心慌、头疼等症状，严重时可能会当场晕厥。
- 容易产生胃绞痛、胀气等胃部不适症状。
- 长期空腹晨跑，可能引发心脑血管疾病。

晨跑前进食的注意事项

一般而言，空腹晨跑弊大于利，因此最好选择吃完早饭后再去跑步。但如果不注意以下事项，也很容易对身体造成损害。

- 早餐不宜过饱。如果早餐吃得太饱，不易消化，会加重肠胃负担，此时再进行晨跑，可能会导致胃痉挛、岔气等症状。

- 早餐应选择清淡的食物。晨跑前可以适量进食、饮水，补充能量。尽量选择一些清淡的、营养丰富且容易消化的食物（包括碳水化合物和蛋白质）。

温馨提示

晨跑结束后如何补充水分

晨跑结束后需要适量补充水分，尤其是在天气炎热的夏天，更要及时补水。但如何补水，需要掌握相关技巧与注意事项。

- 晨跑后无论多么口渴，也不要立即大量饮水，否则容易引发呕吐、肌肉抽筋等不良症状。

- 晨跑后饮水也不能过急，最好小口啜饮，这样才能很好地被身体吸收。

- 夏日晨跑后，哪怕再热也不要喝冰水，这容易刺激肠胃，引发胃痉挛、腹泻等一系列不良症状。

- 晨跑后最好休息20分钟至半小时，等心跳、呼吸平稳后再喝水。

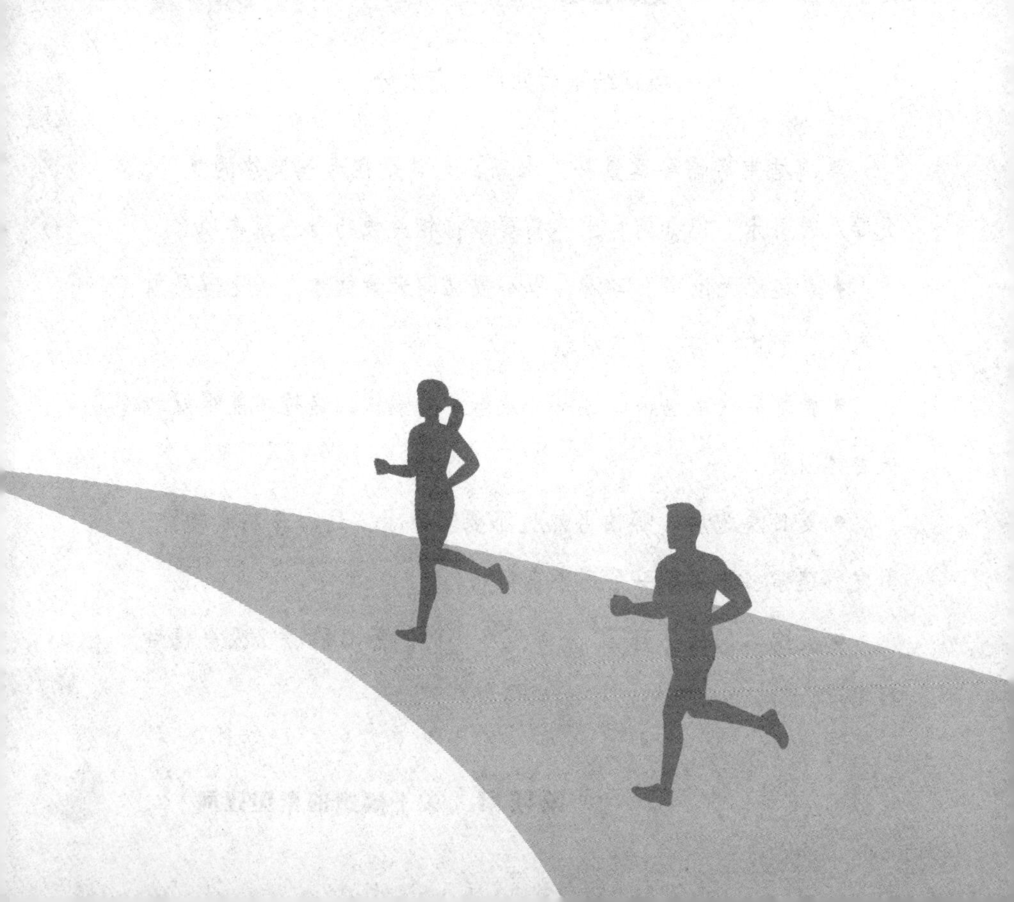

跑多久比较合适

畅所欲言

晨跑能唤醒你的身体，令你感到精神焕发、活力满满，但如果跑步的时长安排得不够科学合理，就发挥不了预期的效果。

你的晨跑时长安排得合理、妥当吗？你的晨跑时长大概是多少？你觉得自己是否有必要调整时间？

科学跑步 晨跑与夜跑

　　晨跑有益身体健康，那么具体应该跑多长时间呢？很多人对这个问题备感疑惑。在安排每日的晨跑时长时，应注意以下几点。

　　● 晨跑时间不宜过短。晨跑时长太短，比如只有 3～5 分钟，是达不到锻炼身体的效果的。

　　● 晨跑时间不宜过长。晨跑时间过长，比如超过 2 小时，会因运动量过大而造成身体疲劳、精神疲惫。这种情况下，晨跑非但无法唤醒你的活力，反而会令你无精打采。另外，晨跑时间过长也可能给身体造成危害，如引发低血糖，或者导致某些意外发生。

　　● 晨跑的时间在 20～60 分钟为宜。具体时长可根据个人情况灵活安排。比如，对于身体素质较强、早上时间较为充足且前一晚休息充分的人而言，运动的时间可适当加长，以增强锻炼效果。对于身体素质一般、早上时间较为紧张且前一晚没有经过充分休息的人而言，可适当减少晨跑时长。身体实在不舒服时，应考虑取消晨跑计划，等调整好身体状态后，再开始晨跑。

跑步时能戴口罩吗

畅所欲言

生活中,一些人喜欢戴着口罩晨跑,认为这样做能隔绝空气中的病菌,保护身体健康,提升锻炼效果。

在你看来,晨跑时究竟有没有必要戴口罩?戴口罩晨跑有哪些好处和坏处?如果需要戴口罩,应该注意哪些事项?

有人说，跑步时戴上口罩是在模拟高原环境，戴口罩跑得越久、坚持时间越长，越能锻炼心肺功能，增强锻炼效果。

其实，这种说法存在一定误区，很多专业健身者强调，戴口罩运动弊大于利，因此一定要慎重。

晨跑时戴口罩，一定要慎重

晨跑时最好不要戴口罩，因为人在跑步过程中需要吸入大量的氧气来给身体供能，如果戴着口罩跑步，会增加呼吸空气的阻力，导致氧气摄入不足，时间久了会让人感到胸闷气短、头晕目眩，甚至引发昏厥或其他更严重的风险。

当然，在空气质量堪忧或天气寒冷的时候，戴口罩晨跑首先能起到过滤空气的作用，其次能护住口鼻，防止冷空气刺激呼吸道。

简而言之，跑步时戴口罩要慎重，如无必要就不要戴口罩，以免给身体带来一些健康隐患。比如，本身有呼吸系统疾病或心肺功能不太好的人，最好不要戴口罩晨跑。

晨跑时戴口罩的注意事项

如果遇到特定情况,需要戴口罩晨跑,则一定要注意以下事项(图4-4)。

- 戴口罩晨跑时,最好小步幅慢跑,稳定节奏,而不能剧烈跑动。剧烈跑动会给呼吸肌增加过多负担,容易造成大脑缺氧、供血不足,甚至引发昏厥或其他疾病。
- 戴口罩晨跑时,时间不宜过长。时间过长就在无形中增加了运动强度,同样会带来很多健康风险。
- 身体不适时要及时停止晨跑。出现呼吸急促、胸闷或其他任何不舒服的症状时,一定要及时摘下口罩,停止晨跑。
- 戴着口罩晨跑时,最好保持鼻呼吸,同时调整好呼吸节奏。如果频繁使用口呼吸,会导致口罩里湿气过多,跑动时呼吸更为困难。
- 精心挑选适合晨跑的口罩,比如舒适透气的、符合国家标准的口罩。

科学跑步 晨跑与夜跑

图 4-4 晨跑时戴口罩，需要注意相关事项

一周跑几次

畅所欲言

　　对大多数人而言，没有必要天天出门晨跑。科学安排每周晨跑的次数，才能让晨跑效果翻倍，反之则会给身体带来沉重的负担。

　　你是如何安排自己的晨跑计划的？大概一周跑几次？你认为一周晨跑几次才算是正确合理、对健康有益无害的科学晨跑？

有的晨跑爱好者或刚开始晨跑的人常会每天清晨都出去跑步，其实这并不科学。任何运动习惯的养成前提都是劳逸结合、量力而行，如果一味追求运动量，而忽视休息，则很可能产生反作用。

那么，究竟一周跑几次才科学合理？这其实要根据个人的具体情况、身体素质等决定。具体可以参考以下建议。

● 对于平时工作节奏快、空闲时间较少或身体素质较差的人而言，可以适当减少一周晨跑的次数，如 2~3 次，保证有充足的休息时间。

● 对于平时工作节奏慢、空闲时间多或身体素质较好的人而言，可以适当增加每周晨跑的次数，比如跑 4 休 3，或跑 5 休 2 等。

● 对于刚开始晨跑的人而言，每周晨跑的次数不宜太多，如每周 2~3 次，时间也不宜过长，先让身体适应一段时间，再逐渐增加次数和时间，循序渐进，直到彻底养成晨跑的好习惯。

● 对于有阶段性减脂目标等特殊锻炼目标的人而言，可以适当增加每周晨跑的次数，比如跑 6 休 1。但运动的强度一定要控制好，而且一旦身体出现不适症状就要及时调整或停止晨跑。

总之，一周晨跑几次可以根据个人的情况去安排，前提是锻炼要有度，要给身体留下休息的时间。

不同季节的晨跑应该注意哪些问题

畅所欲言

不同的季节有着不同的气候特点,晨跑的自然环境也会不同。因此,在不同的季节晨跑有着不同的注意事项。

你喜欢在哪个季节晨跑?在不同的季节晨跑时你会格外注意哪些方面的问题?

科学跑步　晨跑与夜跑

在不同的季节晨跑有着不同的体验和感受，同时也要根据季节变化去调整晨跑的方式，注意相关事项，以达到较好的锻炼效果。

春季晨跑的注意事项

一年之计在于春。春天气温回升，百花盛开，是比较适合晨跑的季节。春季晨跑需要注意以下事项。

● 不宜太早出门跑步。春日里，很多地方清晨时分容易起雾，如果太早出门锻炼，能见度低，还可能会因地面湿滑而加大跌倒风险。而且，初春清晨温度较低，太早出门跑步可能会因受凉而感染风寒。因此，可以等太阳升起来，温度上升，雾气消散后再出门晨跑。

● 春日晨跑前，需进行充分的热身运动，以提高心率，增加肌肉弹性，让全身关节都舒展开来，降低晨跑受伤的风险。跑后要进行科学的拉伸运动，以缓解肌肉酸痛。

● 春日晨跑前需要换上合适的运动装备。可穿舒适绵软、透气性好的运动衣裤和质量上佳、抓地力强的运动鞋。春日清晨温度一般不会特别高，最好穿长袖、长裤。

夏季晨跑的注意事项

夏季晨跑能提振精神，强身健体，好处多多。但夏季晨跑需要注意以下事项。

- 不宜太迟出门跑步。夏季清晨如果太迟出门跑步，炙热的阳光会将晨跑者烤得口干舌燥，晨跑者也会感到呼吸困难，极度疲劳。如果早一点出门，晨跑者跑起来会感觉温度适宜，身体自在，可大幅提升跑步效率。
- 夏季晨跑要适量补水。如果是长距离晨跑，最好随身携带适量的水（利用跑步水壶或腰包带水），或者选择能够即时补充水分的晨跑路线。
- 夏季容易流汗，晨跑时可选择舒适干爽、透气性强、散湿快的运动衣裤（图4-5）。
- 夏季紫外线强，为了避免皮肤晒黑、晒伤，晨跑前需要采取一定的防晒措施，比如戴防晒帽、太阳镜、防晒口罩，擦防晒霜等。
- 跑前、跑后进行充分的热身、拉伸运动。

科学跑步 晨跑与夜跑

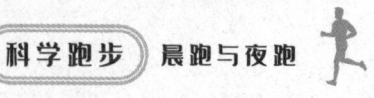

图 4-5 夏季晨跑，可选择舒适干爽、透气性强的运动衣裤

秋季晨跑的注意事项

秋季是最佳晨跑季节之一，但也需注意以下事项才能达到最佳晨跑效果。

- 秋季跑步应定时、定量，循序渐进。秋季天气干爽，身体往往感到比较舒适，在这种情况下，晨跑者在晨跑时很容易兴之所至、越跑越快，或随意加长、加大跑步的时间、强度，将之前制订的跑步计划抛之脑后，这样可能引发运动损伤。正确的做法是，按照之前的计划定时、定量地跑步，循序渐进。
- 秋季到来时，可选择稍迟一点出门跑步。首先，秋季早晚温度降低，室内外温差较大，等到太阳升起来、温度升高的时候再出门跑步，就不容易感冒；其次，一般来说，秋冬季节较容易出现雾霾，等太阳升高、雾霾散去、空气变得清新时再进行晨跑更有利于身体健康。
- 可以选择穿透气性好、较为保暖的运动服晨跑（图4-6）。
- 跑前、跑后进行充分的热身、拉伸运动。

科学跑步 晨跑与夜跑

图 4-6 秋季晨跑，可穿透气性好、较为保暖的运动服

冬季晨跑的注意事项

冬季气温低，在较低的温度下坚持晨跑能有效提高肺活量，加强身体健康。冬季晨跑需要注意以下事项。

● 可穿戴保暖功能较强的运动装备，并戴上帽子、手套、护膝，以避免身体冻伤（图4-7）。

● 冬天天气寒冷且清晨空气质量不佳，因此不宜太早出门晨跑。

- 晨跑结束后，如果身体各处出了汗，需要尽快将身上的汗水擦除，并换上干爽、抗风保暖的衣服。
- 跑前、跑后进行充分的热身、拉伸运动。

需要注意的是，无论在哪个季节进行晨跑运动，都要尽量选择晴好、温度适宜的天气，大风、降雨、高温、雾霾等天气最好不要出门晨跑。

图 4-7　冬季晨跑，可戴上帽子、手套，以避免身体冻伤

第四章　关于晨跑的常见疑问

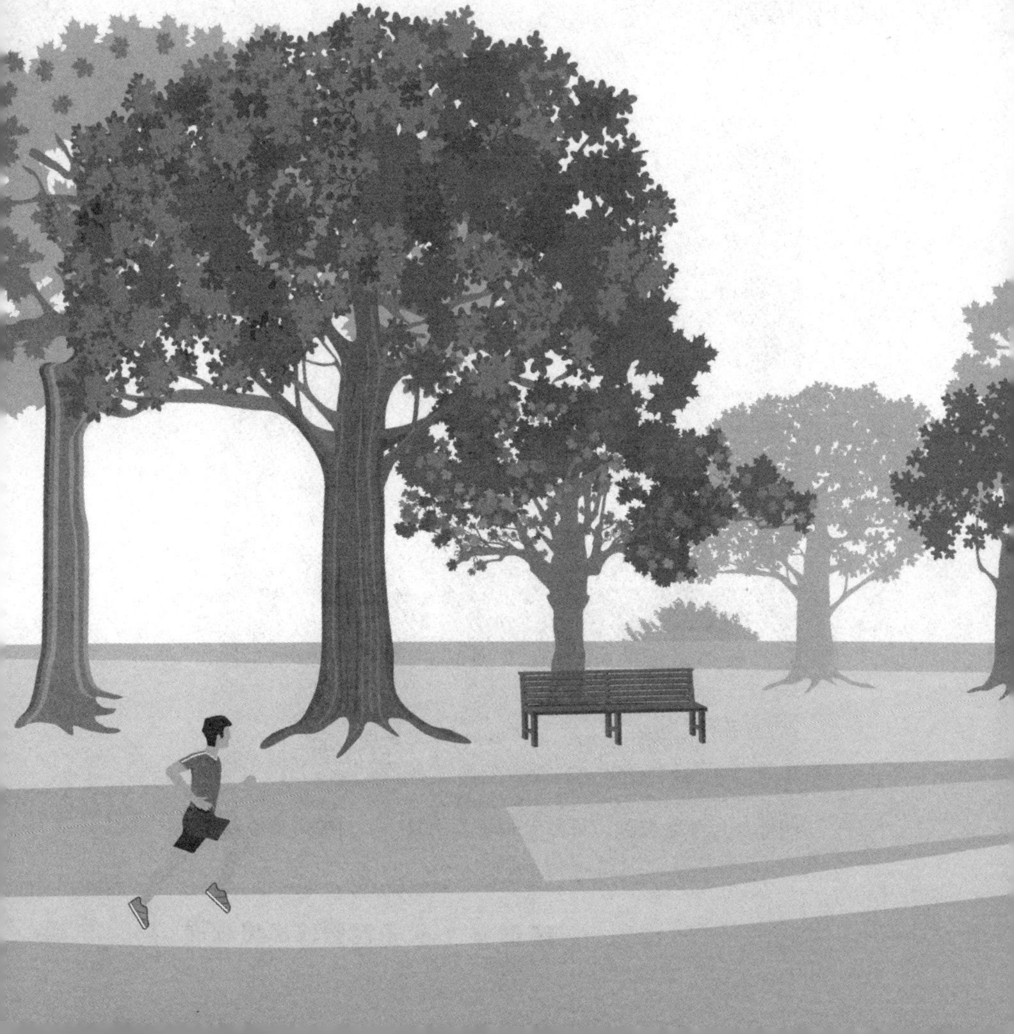

时尚夜跑

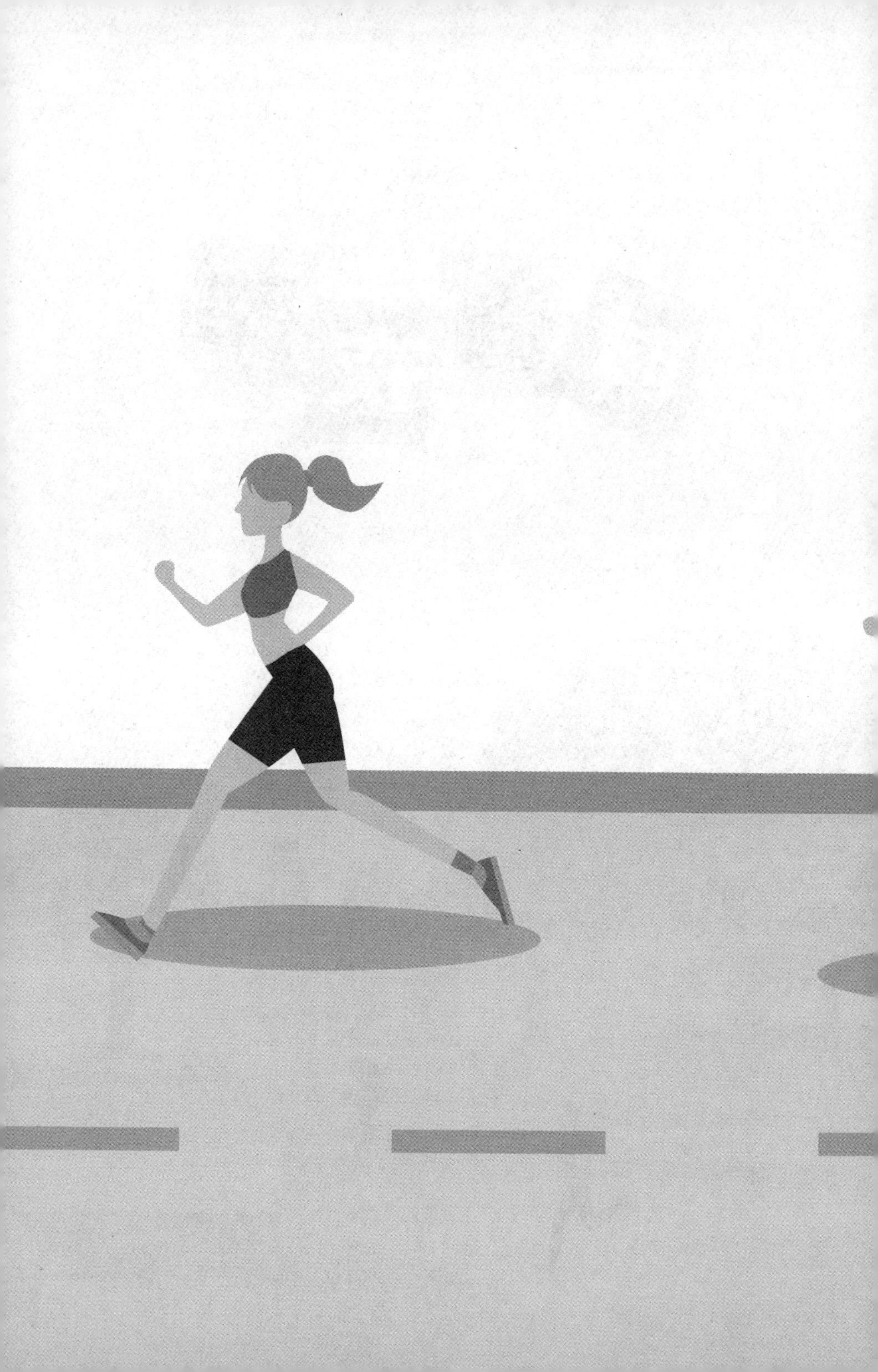

第五章

为什么选择夜跑

随着生活水平的提升，人们越来越注重身体健康。但很多人在白天没有时间锻炼，于是晚上锻炼就成了这些人保持健康、释放压力的主要方式。夜跑作为一种操作简单、低成本的健身方式，受到了大众的喜爱。如今，夜跑已成为运动新潮流，是学生、上班族的主要运动方式之一。

夜跑，释放一天的压力

畅所欲言

很多人在白天忙于学习、工作，往往没有时间锻炼，因此，选择在晚上通过跑步释放压力、放松心情、强身健体。

你有夜跑的习惯吗？你是如何关注到或喜欢上夜跑的呢？

科学跑步　晨跑与夜跑

所谓夜跑，就是在晚上跑步。很多人白天没有时间锻炼，因而夜跑就成了这些人锻炼身体的一种不错的选择。

在学习或工作一天之后，人的身体和大脑会非常疲劳。而在一天结束之前进行夜跑，在锻炼身体的同时，还能放松身心，释放白天积攒的压力（图5-1）。

夜跑是解压的有效方式之一。运动产生的多巴胺能够让人快乐，在长久的学习或工作后进行夜跑，能够帮助人们排解负面情绪，释放压力。

而且，在夜跑的时候，人们专注于跑步，可以暂时不去思考现实生活中的难题，获得短暂的放松。人们在夜跑的时候还可以欣赏沿途的风景，让自己快乐起来。

图5-1　夜跑，有助于释放压力

哪些人适合夜跑

畅所欲言

如今，越来越多的人选择夜跑，但我们需要知道的是，并不是所有的人都适合夜跑。

你知道哪些人适合夜跑，哪些人不宜参加夜跑吗？你觉得自己适合夜跑吗？

科学跑步 晨跑与夜跑

夜晚天气凉爽，紫外线少，空气质量相对较好，这是夜跑的环境优势，这些条件让人们能够安心跑步。但并不是所有人都适合夜跑，以下是适合夜跑的主要人群。

● 身体健康的人群：夜跑具有一定的运动量和强度，对于患有心脏病、高血压等疾病的人而言，在夜跑时有发病的风险。所以，身体健康的人群适合夜跑，不建议患有心血管疾病的人群参加夜跑。

● 抵抗力强的人群：夜间相对于白天气温较低，风力较强，而人在跑步后容易出汗，吹风受凉后容易生病。抵抗力低的人群在夜跑后容易患上感冒、发烧等疾病。因此，抵抗力强的人群更适合夜跑。

● 夜视能力强的人群：夜晚光线较暗，人的视力在夜晚会受影响，看不清暗处的东西，特别是在照明差的地方，因此想要夜跑，要有较强的夜视能力。

● 晚起的人群：对于很多早上起不来的人而言，早上锻炼难以实现，夜跑则是很好的选择。夜跑没有特别固定的时间，人们可以根据自己的作息自行安排夜跑的时间。这样，既能强身健体，也不用强行调整作息。

● 晚餐规律、饮食正常的人群：夜跑对饮食的要求较高，在夜跑前，饮食要适度，不能吃太多，也不能不吃，否则不利于身体健康，因此晚餐规律、饮食正常的人群更适合参加夜跑。

温馨提示

夜跑的注意事项

由于夜跑是夜间活动,存在一定的危险性,所以夜跑的时候,要格外注意安全问题。

首先,夜跑时要选择有人来往的地方,如具有一定人流量的公园、马路等,而且要有路灯,尽量避免去人迹罕至的地方。

其次,夜跑时要注意道路上的车辆,最好不要听音乐,或让自己处于放空状态,否则遇到危险时可能来不及发觉和躲避。

最后,夜跑时不要携带多余的、贵重的东西,因为人在夜间视物能力较弱,东西丢失难以寻找。

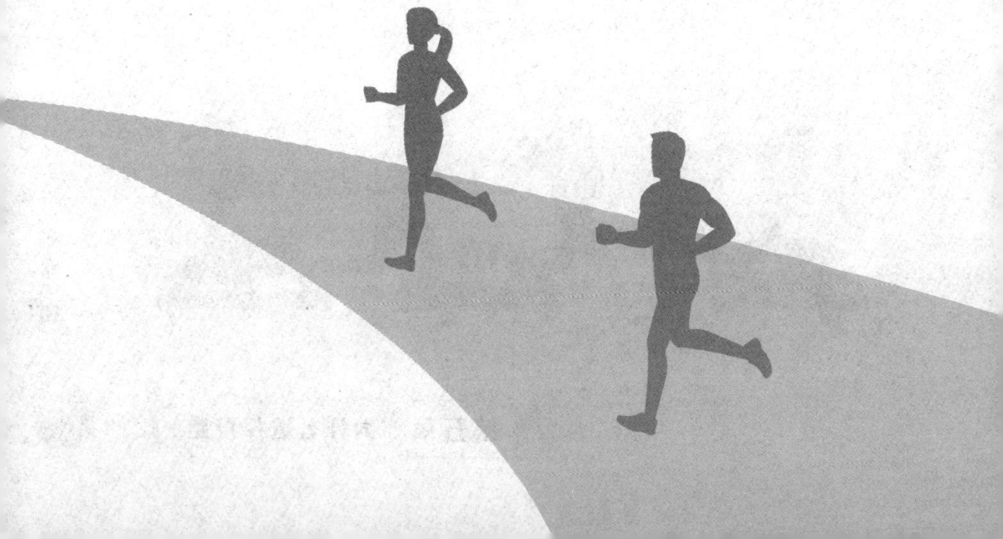

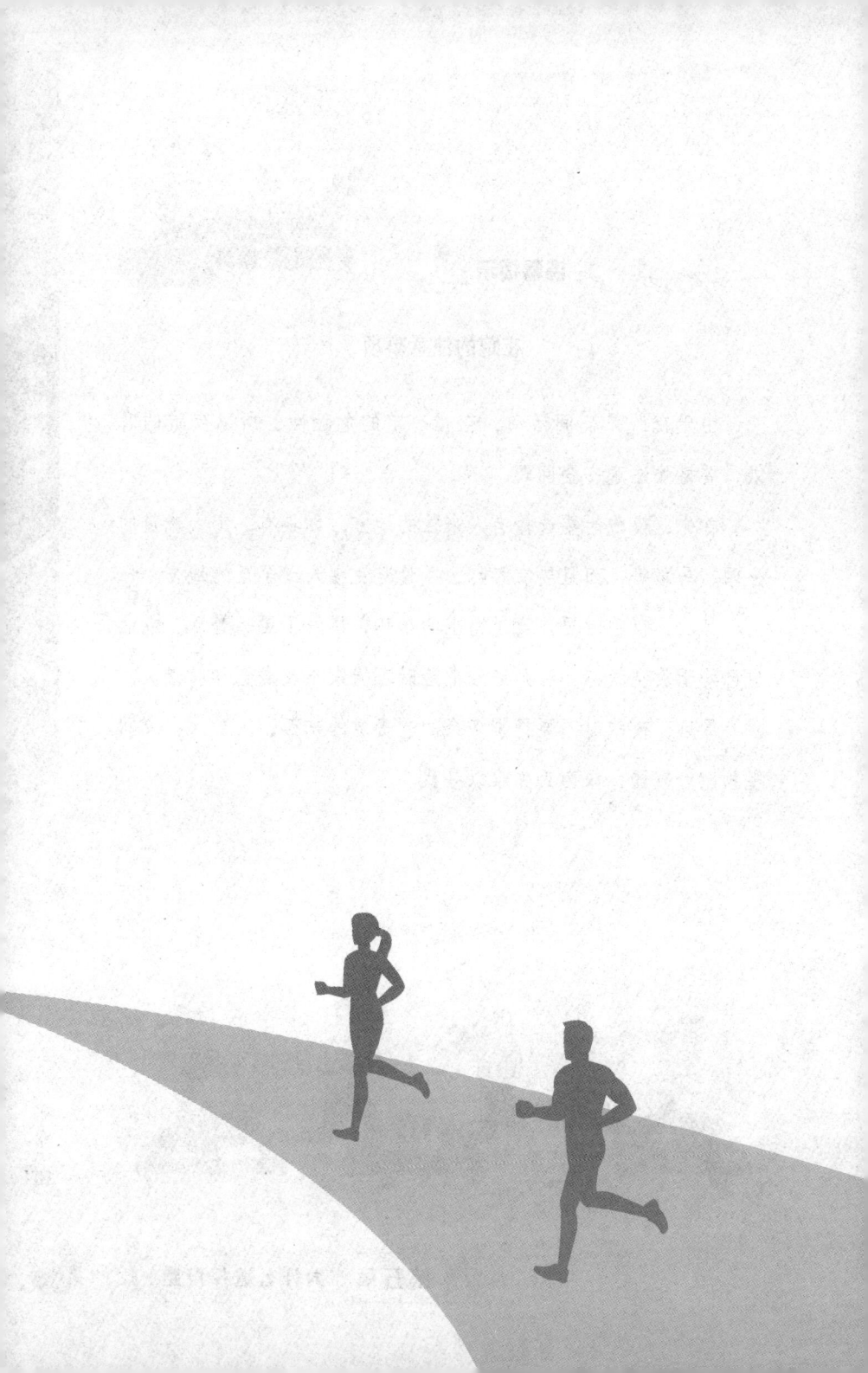

坚持夜跑，有哪些好处

畅所欲言

随着夜跑的流行，如今，在河边、公园里、校园操场上，都能见到夜跑的人，越来越多的人通过夜跑来强身健体。

你想参加夜跑吗？你知道夜跑有什么好处吗？你知道长期坚持夜跑，人的身体会有哪些变化吗？

首先，夜跑能够帮助人们强健体魄、减肥减脂。

夜跑作为一种有氧运动，长期坚持，能够帮助人们提高肺活量，提升身体素质。长期坚持夜跑还有助于脂肪燃烧，防止脂肪堆积，令跑步者保持好身材。而且，长期坚持夜跑能够促进血液循环，促进肠胃蠕动，有利于排毒，让人们保持良好的身体状态。

其次，坚持夜跑能够帮助人们缓解压力，保持身心健康。

长期坚持夜跑能够锻炼人们的毅力，令人们拥有更强的抗压能力。人们在跑步的过程中，可以欣赏沿途的夜景，放松心情，释放压力，让自己保持积极向上的心态。

最后，夜跑能够帮助人们改善睡眠质量。

人在夜跑后，精神会得到放松，身体会产生疲惫感，更容易入睡。因此，对于夜晚入睡困难或失眠的人而言，可以通过夜跑提高睡眠质量。

需要注意的是，如果夜跑时运动量过大，或夜跑结束时间过晚，可能会因为身体和精神都太过兴奋而难以入眠，所以夜跑时要控制好时间和运动量。

温馨提示

夜跑的最佳时段

夜跑的最佳时间段一般是晚饭后的 1 小时，睡觉前的 1~2 小时。人们可以根据自己的作息，自行安排夜跑的时间。比如，如果晚上 7 点吃饭，那就最好晚上 8 点以后去跑步，晚上 10 点左右睡觉。这样既不会损伤身体，还能保持良好的睡眠质量。

如果跑步时间较短，也可以运动之后再吃饭，跑步前少吃一些容易吸收的食物，避免空腹运动。但要注意，跑步结束后不能立刻吃饭，应该在跑步结束后半小时左右再吃饭。

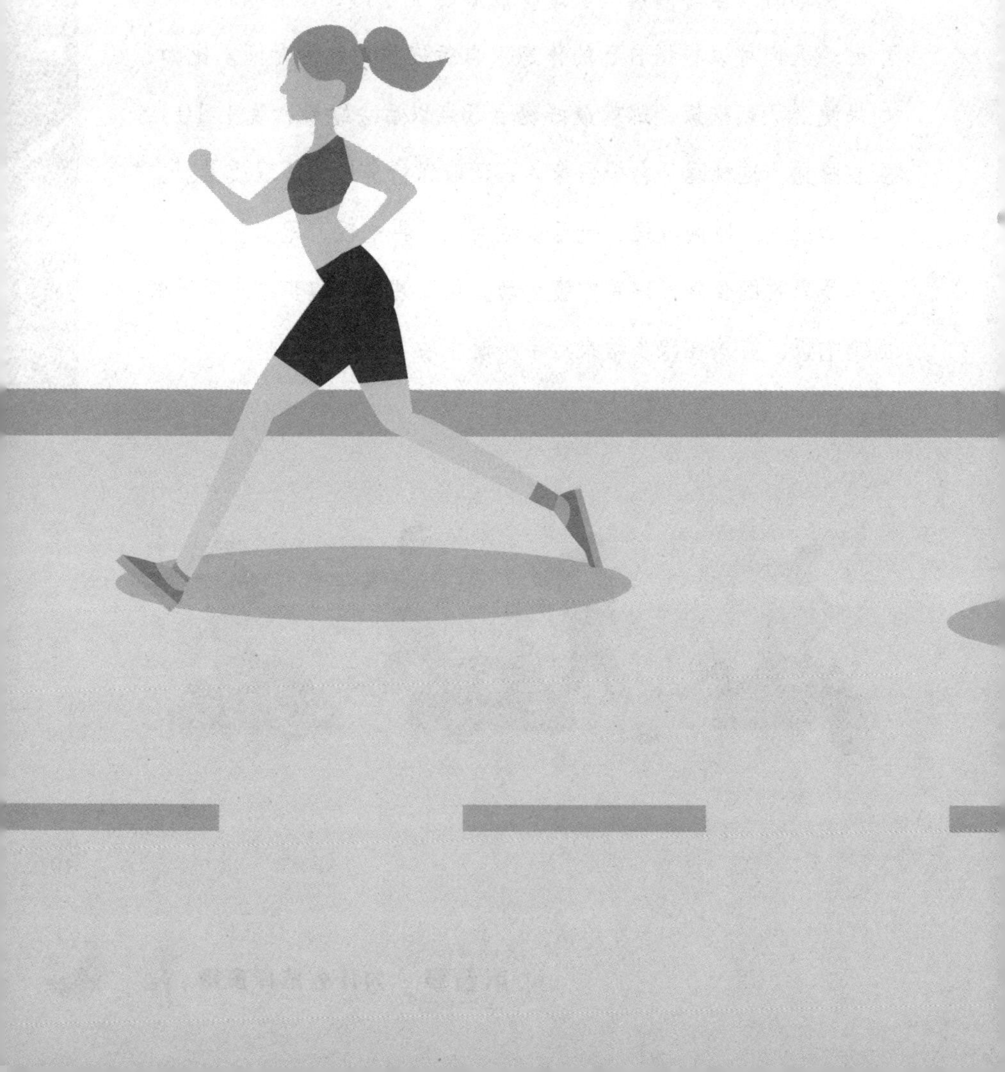

第六章

夜跑前的准备

夜幕降临时，忙碌的一天结束后，来一场夜跑是不错的放松和解压方式。但夜晚光线昏暗，想要安全夜跑，就要做充足的准备，如穿鲜艳的衣服，穿戴夜视和反光装备，灵活变动跑步路线，提前关注天气和路况等。提前规划，做好准备，开启你的夜跑之旅吧！

穿鲜艳的衣服

畅所欲言

想要更好地夜跑,夜跑前就有必要做好充分的准备,其中,选择合适的衣服十分重要。

夜跑时你会选择什么颜色的衣服?你知道穿什么颜色的衣服夜跑最安全吗?

科学跑步 晨跑与夜跑

夜跑时选择适合的服装尤为重要,在选择服装时除了要注重材质的舒服、透气,更要注重服装的颜色。

夜跑时最好穿鲜艳的衣服,这样能够提高跑步者在昏暗光线下的可见性,降低与车辆或他人碰撞的风险,提高自身的安全性,让夜跑更安心。

夜跑时具体应选择哪些颜色的衣服呢?

● 荧光色。荧光黄、荧光绿、荧光橙等颜色在黑暗中比其他颜色更加显眼,能够提高跑步者在黑暗中的可见性。

● 白色或浅色。相比于黑色或深色的衣服,白色或浅色的衣服在黑暗中更容易被看到。

● 红色、黄色等亮色。红色、黄色鲜艳而且醒目,在夜间相对容易被察觉。

必要的夜视和反光装备

畅所欲言

昏暗的光线给夜跑带来不少潜在风险,为了安全地夜跑,必要时需准备夜视和反光装备。

你知道有哪些常见的夜视和反光装备吗?你知道夜视和反光装备有哪些作用吗?

科学跑步　晨跑与夜跑

与白天相比，夜间的跑步环境更具挑战性，因为能见度较差，这增加了潜在的安全风险。为了确保夜跑过程中的安全性，配备必要的夜视和反光装备至关重要。

夜视装备具有照明功能，能够改善视野；反光装备能够提高跑步者的可见性。这两种装备都能降低意外风险，增强夜跑的安全性。

适合夜跑的夜视装备和反光装备具体如下。

● 跑步灯。跑步灯有多种形式，可佩戴在头部、腕部、大臂或脚踝等部位，为跑步者照明，避免发生碰撞或被绊倒。

● 荧光手环、荧光饰物。荧光手环或荧光饰物在夜间可以发光，夜跑时佩戴荧光手环或荧光饰物能够提高跑步者的可见性。

● 发光跑鞋。发光跑鞋能够为跑步者提供光亮，提高跑步者的安全性。

● 反光衣、反光鞋。一些运动衣、运动鞋上具有反光条或反光装饰，这些衣服和鞋子在光线照射下会反射光线，让跑步者更容易被看到。

● 反光包、反光饰品。一些人跑步时会携带包或饰品，选择带有反光材质的包（图6-1）或饰品能够进一步提高跑步者的可见性，但注意避免佩戴尖锐饰品。

图 6-1　面料反光的臂包

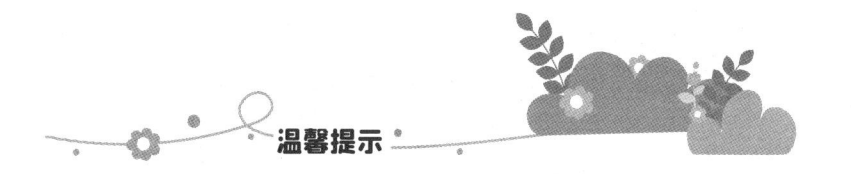

温馨提示

挑选夜视和反光装备的注意事项

夜视和反光装备能够增强跑步者周围的环境亮度，提高跑步者的可见性，让夜跑更安全。在选择和购买这些装备时，除了关注其夜视和反光功能，还需注意以下事项。

科学跑步 晨跑与夜跑

● 购买跑步灯等照明装备时，应注意其实用性和方便性，选择符合自己夜跑习惯的装备。例如，选择头灯时，应挑选不易滑落、轻便的头灯；如果平时夜跑路线较长，应挑选电池寿命充足的装备；等等。

● 挑选荧光手环、荧光饰物、反光包、反光饰品时，应尽量选择轻便、简约、无尖锐边角的产品，让跑步更轻松、安全。

● 反光衣、反光鞋、发光跑鞋等是贴身衣物，在挑选这些产品时，除了要注意其反光和发光特性以外，还要关注其材质的安全性和舒适性。

在光线充足的地方夜跑

畅所欲言

对于跑步爱好者来说,夜晚跑步的场地选择非常重要。为了确保夜跑的安全,跑步者需选择光线充足的地方。

你知道哪些地方适合夜跑吗?你理想中的夜跑地点是怎样的呢?

科学跑步　晨跑与夜跑

在光线充足的地方夜跑可以大大降低跑步时的安全风险。一方面，跑步者更容易发现潜在的危险，如不平的路面、障碍物或其他行人。另一方面，跑步者更容易被他人注意到，从而避免碰撞。

哪些地方光线充足，适合夜跑呢？

● 体育馆。体育馆是专门运动的场所，场地设施优良，光线充足，适合夜跑。

● 健身公园。夜晚，健身公园里不仅有较好的照明设备，还没有过往车辆，为跑步者提供了一个安全的夜跑环境。一些公园还设置了专门的塑胶跑道，能让跑步者更好地享受夜跑。

● 沿河岸、海岸步行道。一些城市沿河岸、海岸修建了步行道，这些步行道通常路面平整，配有路灯，在这里夜跑不仅安全，还能欣赏水边独特的夜景（图6-2）。

● 校园。校园里的操场、广场有较好的照明条件，而且安全性较高，学生群体在校园内夜跑是不错的选择。

● 社区内的活动场地。社区内的活动场地通常配有路灯，光线充足，适合夜跑。

图 6-2　沿河岸步行道夜跑

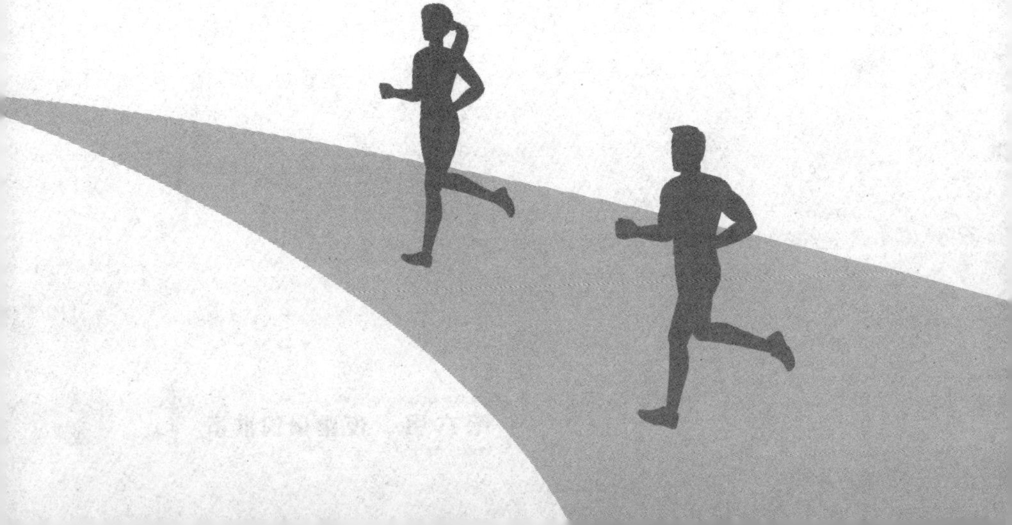

灵活变动跑步路线

畅所欲言

相对于晨跑，夜跑更需要注意安全问题。固定不变的跑步路线虽然更熟悉，跑起来更轻松，但也容易引来居心叵测之人的跟踪，带来危险。

你会每天沿着固定的路线夜跑吗？你想过灵活变动跑步路线吗？你觉得哪些路线可以作为夜跑备选路线呢？

科学跑步 晨跑与夜跑

灵活变动跑步路线不仅能让夜跑更安全，还能让跑步者在夜跑的同时欣赏到不同的风景，为夜跑带来新鲜感，让夜跑变得更轻松有趣。

首先，避免固定时间选择固定跑步路线。一个人夜跑时，如果选择固定的时间和跑步路线，容易被不法分子掌握行踪，给自己带来危险。因此，应时常变动跑步路线，避免固定时间选择固定跑步路线，比如，避免连续多天选择同一跑步路线，避免每周同一时间选择同一跑步路线，等等。

其次，根据天气情况灵活变动跑步路线。夏季天气炎热，傍晚时阳光依然强烈，宜选择有遮阳条件的跑步路线。冬季天气寒冷，宜选择背风、光线较好的跑步路线。遇到雨雪等天气时，室外地面湿滑，不宜夜跑，可以改为在室内夜跑。

提前关注路况

畅所欲言

夜跑前,应时刻关注路况,这样能够减少意外风险,让夜跑更安全。

你在夜跑时有提前关注路况的习惯吗?你知道要注意哪些路况信息吗?

科学跑步 晨跑与夜跑

夜跑在光线相对较暗的环境下进行，更需要跑步者提前关注路况信息，以实现安全夜跑。具体来讲，跑步者应关注以下几方面的信息。

- 光线。充足的光线让夜跑更安全，跑步者应关注路上的照明情况，选择光线好的道路。
- 路面状况。观察路面的平整度，了解道路信息。比如，是否在修路、交通事故发生次数等情况，冬季时还应注意路面是否有结冰。
- 交通情况。关注道路的交通情况，如果夜跑路上遇到大量机动车辆，可以考虑更换夜跑路线。
- 危险区域。提前了解道路是否在危险区域内，如交通事故多发区或犯罪事件频发的区域，避免选择危险区域内的道路作为夜跑路线。

提前关注路况，能够减少夜跑时的意外状况，那么如何获取路况信息呢？

- 实地考察。实地考察路况有助于全面地发现问题。
- 询问附近居民。通过与附近居民聊天，了解道路情况。
- 关注微信公众号。如果跑步路线是在公园、体育馆等场所，可以提前关注这些场所的微信公众号，以便及时获取消息。
- 加入社群。加入当地跑步社群，在社群中及时获取消息，了解路况信息。

恶劣天气暂停夜跑

畅所欲言

夜跑是许多人钟爱的锻炼方式之一，但遇到恶劣天气时应暂停夜跑，以免给健康和安全带来不利影响。

你在夜跑前会关注天气变化吗？你在夜跑时是如何应对天气变化的呢？

科学跑步 晨跑与夜跑

在良好的天气状况下夜跑让人身心愉悦，身体得到锻炼，但在恶劣的天气状况下夜跑不仅无法锻炼身体，还可能发生意外，影响身体健康。因此，在夜跑前，应及时关注天气变化情况，遇到恶劣天气时，应暂停夜跑（图6-3）。

大风天气给夜跑带来更大阻力，同时使体感温度降低，不宜夜跑。

下雨或雨后的夜晚温度降低，路面湿滑，不宜夜跑。

雾霾天气能见度低，空气质量不好，容易对心肺功能产生不良影响，不宜夜跑。

下雪或雪后的夜晚温度低，地面容易结冰，不宜夜跑。

图 6-3　不宜夜跑的恶劣天气

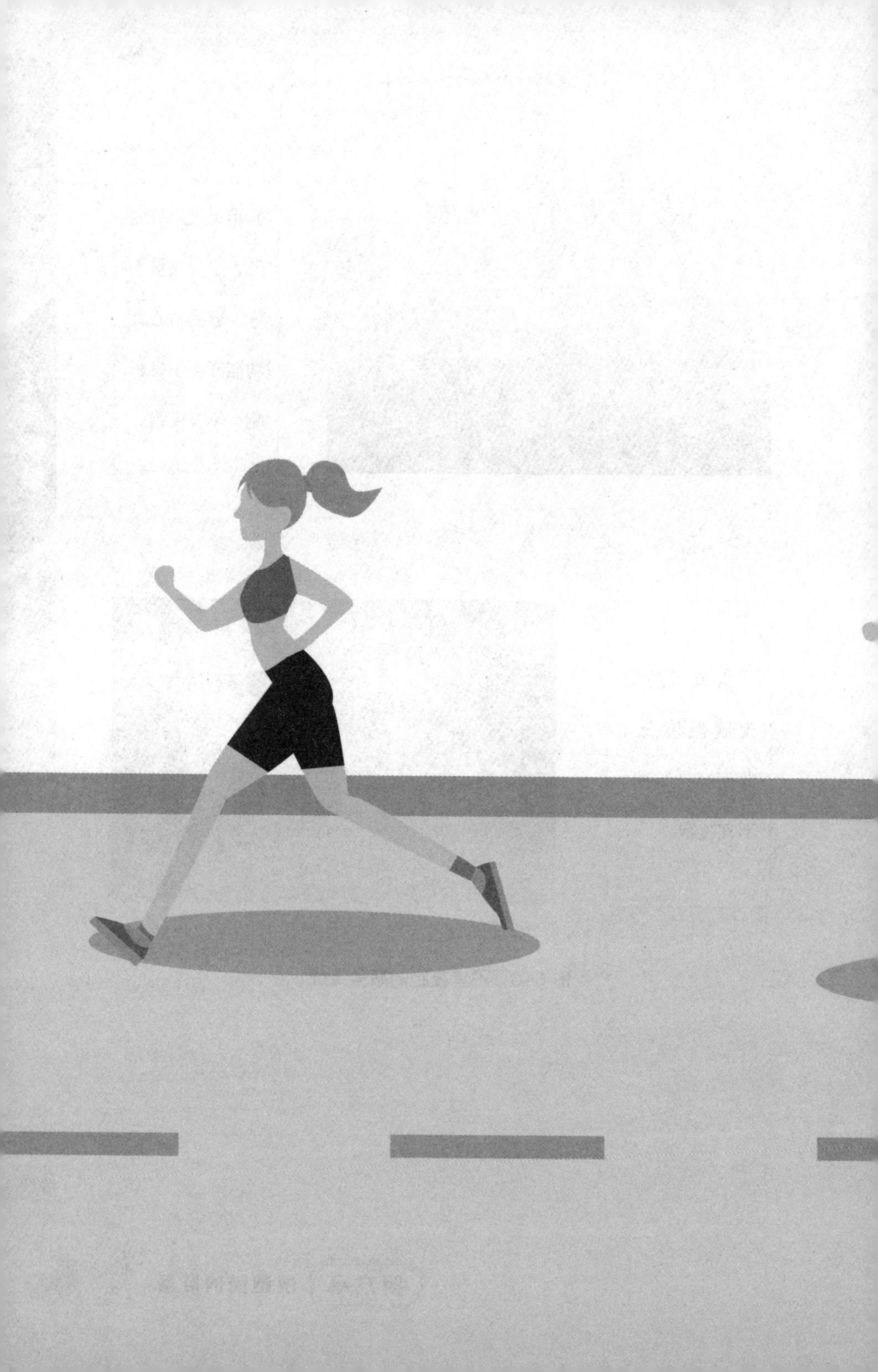

第七章

夜跑到底应该怎么跑

随着越来越多的人加入夜跑这一时尚运动中，关于夜跑究竟应该怎么跑的讨论也越来越多。

不同的人对于夜跑有不同的感受，科学的夜跑应合理控制跑步速度和跑步时长，如此才能做到既健身燃脂，又不影响第二天的学习和工作。

控制好节奏,速度不宜过快

畅所欲言

要想更好地夜跑,就要控制好节奏和速度。但受客观环境因素影响,夜跑时需要分散相当一部分注意力来关注路况,因此跑步节奏很容易被打乱。

在夜跑过程中,你遇到过因突发情况而导致跑步节奏被打乱的情况吗?你是如何处理的?如何在夜跑过程中有效避免自己的跑步节奏被打乱呢?

良好的跑步节奏能够让夜跑者更轻松地享受跑步过程，并避免在跑步过程中受到伤害。

夜跑节奏的控制

要确保夜跑的顺利开展，应注意控制如下几种节奏。

● 跑步节奏。夜跑时要把控好跑步节奏，尽量保持比较缓慢（以跑中说话不气喘为参考）的节奏，同时能快速调整节奏，如能很好地变换跑速以躲避坑洼路面或突然出现的小动物，做到脚下步伐不慌乱，暂时减速或提速后，也能快速切换适合自己的跑步节奏。

● 身体协调节奏。夜跑时，应注意摆臂与摆腿的协调配合，注意保持正确的跑步姿势和技术动作。

● 呼吸节奏。两步一呼、两步一吸，或三步一呼，三步一吸。

● 夜跑间歇节奏。通过夜跑实现健身和燃脂，需要经历一个长期的跑步过程，切不可急于求成或半途而废，初跑者建议采取"跑2休1"（跑两天休息一天）或"跑1休1"（跑一天休息一天）的跑步间歇节奏，这样既能达到跑步效果又不会超负荷运动。

● 夜跑计划与生活节奏。科学夜跑，贵在坚持，因此最好制订适合自己的夜跑计划并能坚持实施，同时养成良好的作息、饮食等习惯，保持良好的生活节奏，以确保夜跑能顺利进行。有很多人不能坚持夜跑的原因是忙于加班、应酬，无法严格执行既定的夜跑计划，夜跑要么被拖到很晚，要么时长被压缩，甚至被叫停，这样不仅夜跑计划被打乱，个人生活作息也会被打乱，不利于身心健康。

关注你的夜跑速度

跑步速度实际上也是一种跑步节奏，夜跑应保持持续稳定的跑速，如从慢跑开始，逐渐过渡到快跑，再过渡到慢跑；或者一直保持相对平稳的速度进行夜跑。

一般来说，夜跑建议采取慢跑的形式进行，保持适宜的运动节奏，具体可以通过身体状态来判断自己的跑步速度是否合适。

也可以通过说话来测试跑速，如果能一边跑步一边说出简单、连贯的语句，而没有气喘吁吁的感觉，那么说明当下的夜跑速度是比较合适的。

还可以通过检测心率，来判断自己的跑速，夜跑时，大约100~130次/分的心率是比较合适的。

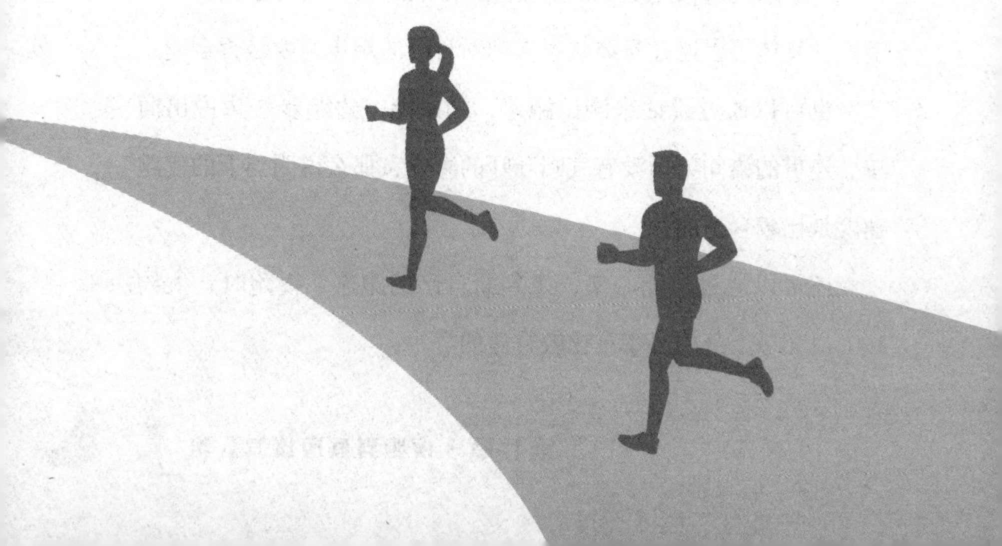

夜跑配速

畅所欲言

经常跑步的人通常会比较关注自己的配速,一些夜跑者常通过配速来评判自己的跑步体验。

你在夜跑过程中或结束后有关注过自己的配速吗?你会利用运动手表或手机 App 设置配速提醒吗?你认为日常夜跑健身,什么样的配速是比较合适的呢?

配速，即跑完每公里所需要的时间，是一个来源于马拉松运动训练的概念，现在已经被广大跑友所熟知。

跑步目的不同，配速不同，日常以健身、燃脂为目的的夜跑，配速以 6′00″/公里~8′00″/公里为宜。

夜跑配速到底是快是慢，应综合考虑夜跑目的、身体塑造、运动体验等因素。

结合不同夜跑目的，以下配速供参考。

● 配速为 6′00″~8′00″/公里，控制配速，保持匀速跑，可有良好的燃脂效果。

● 配速为 5′30″~6′40″/公里，长期坚持夜跑，可有良好的健美塑形效果。

● 配速为 4′00″~6′00″/公里，是参加 0.8~5 公里的中长跑比较适合的配速，如果参与夜跑训练，可参照此配速。

● 配速为 5′20″~7′20″/公里，此配速是比较适合马拉松新手的配速，如果参与夜跑训练，可参照此配速。

● 参与跑步比赛的夜跑训练配速应比比赛标准配速稍快。

不同年龄的夜跑者可参考以下配速（适用于 20 至 49 岁的夜跑入门者）。

● 20—29 岁：男性 5′50″~7′20″/公里，女性 6′40″~8′00″/公里。

● 30—39 岁：男性 6′00″~7′00″/公里，女性 7′00″~8′00″/

公里。

● 40—49 岁：男性 6′20″ ~ 7′30″/ 公里，女性 7′20″ ~ 8′30″/ 公里。

以上配速并非绝对标准，具体应结合自己夜跑时的感受（比如感到轻松、舒适）来决定配速。

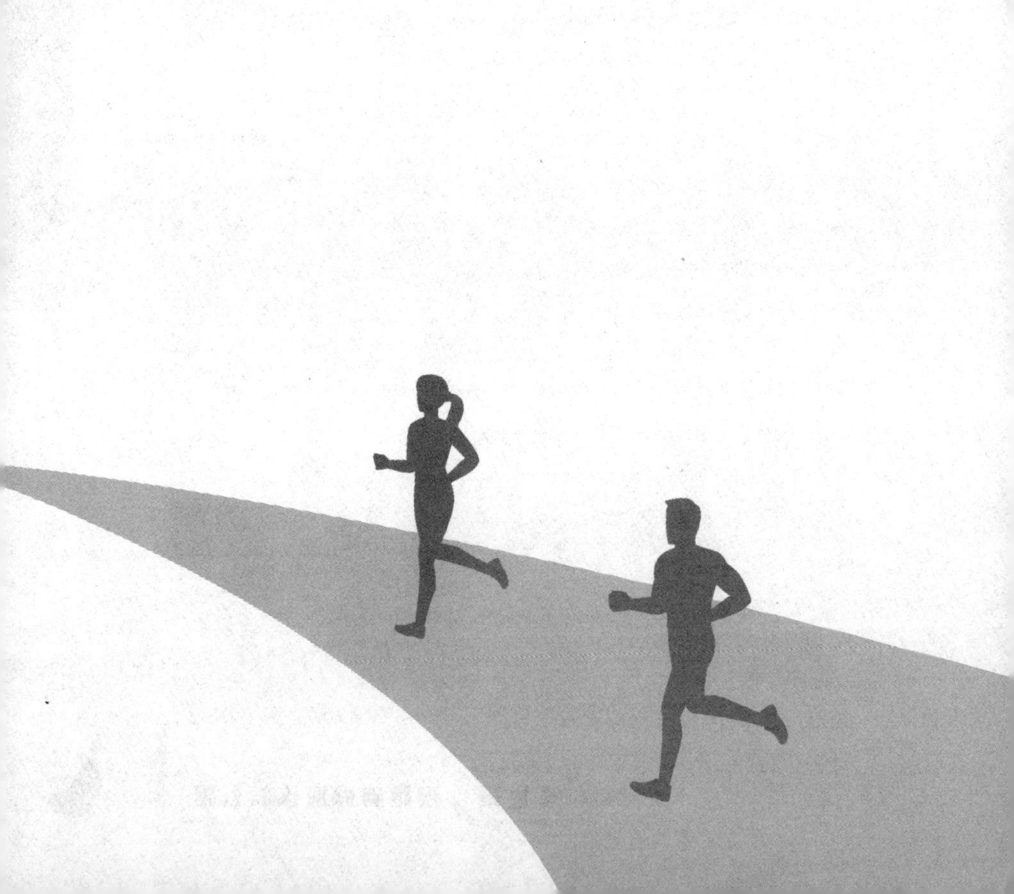

坚持 30 分钟以上,避免体力透支

畅所欲言

　　科学夜跑需要每次坚持一定的跑步时长,如此才能达到良好的运动效果。

　　你每天夜跑的时长是否一样,一般会跑多长时间?在夜跑结束后身体会有什么样的感觉?夜跑后的第二天,身体会有哪些明显的积极或者消极变化呢?

科学跑步　晨跑与夜跑

夜晚时分，喧嚣不再，华灯初上，晚风习习，很多跑友在这样的环境下跑步常会不自觉地越跑越兴奋，越跑越不舍得停下，往往前一天跑得畅快淋漓，第二天却浑身酸痛难忍，严重影响了跑步体验。

对于夜跑运动爱好者来说，既想要获得畅快淋漓的运动体验，又不至于身体过于疲惫，能在第二天有饱满的精神状态，合理控制夜跑的时长非常重要。

跑步时长因人而异，以健身、燃脂为目的的夜跑运动应至少坚持 30 分钟以上，具体应注意以下几点。

● 夜跑中跑的时长宜为 30～45 分钟，时间过短没有运动效果，时间过长容易使身体疲劳。

● 考虑加上跑前热身和跑后拉伸时间，整个夜跑活动建议在 1 小时左右。

● 利用运动手表或手机 App 设置跑步提醒，如热身开始与结束提醒，夜跑开始和结束提醒，拉伸开始和结束提醒。这样就不必时刻担心跑得时间过短或过长，可以全身心投入跑的过程。

● 夜跑的跑步形式应以慢跑为主，运动量适宜，不至于过度疲劳和透支体力。

● 不要在晚上 10 点后夜跑，以免大脑兴奋，导致失眠，休息不好不仅会影响跑后的身体恢复，还可能加重疲劳感。

● 尊重身体，注意热身，循序渐进地进入跑步状态，避免突然的运动让身体不适应而导致运动疲劳提前到来。

● 跑后做好拉伸，帮助肌肉放松，缓解运动疲劳，促进体力恢复（图 7-1）。

图 7-1　夜跑后正在进行拉伸的跑步者

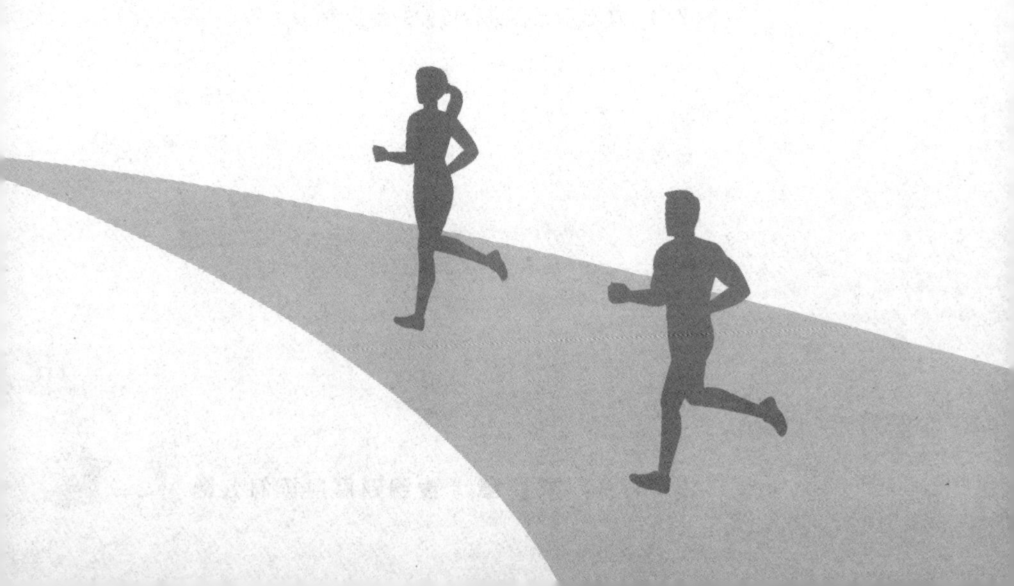

夜跑计划制订

畅所欲言

要想持续、有效地夜跑,就要制订一个夜跑计划,在计划的敦促下坚持夜跑。

你参与夜跑有具体的时间和行动计划吗?夜跑期间,经常会被各种学习任务或工作应酬影响而被迫暂停夜跑吗?

科学跑步 晨跑与夜跑

能在繁忙的学习和工作之余坚持夜跑健身,是一件非常不容易的事情,要想收到良好的夜跑运动效果,需要制订一份适合自己的夜跑计划。夜跑初跑者可参考以下夜跑计划(表7-1)。

表7-1 初跑者一周夜跑计划

日期	夜跑形式
星期一	10分钟热身跑+30分钟慢速跑+10分钟快走
星期二	10分钟热身跑+30分钟慢速跑+10分钟快走
星期三	10分钟热身跑+45分钟慢速跑+10分钟快走
星期四	10分钟热身跑+30分钟慢速跑+10分钟快走
星期五	10分钟热身跑+45分钟慢速跑+10分钟快走
星期六	10分钟热身跑+45分钟中速跑+10分钟快走
星期日	以有氧运动为主的积极性休息,如散步

在参考表7-1夜跑计划的基础上,可以结合自己的闲余时间、身体情况、跑步需求、跑步经验等,对跑步计划进行调整。

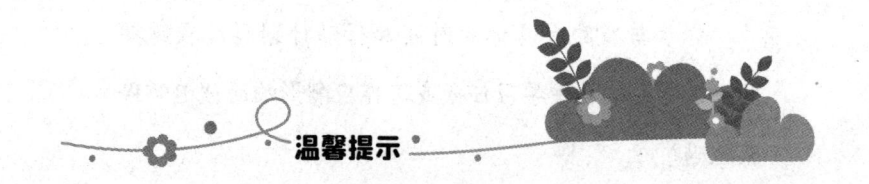

温馨提示

夜跑计划制订要点提示

夜跑爱好者一定要结合自己的身体情况制订夜跑计划,不要脱离实际，同时制订夜跑计划应注意以下要点。

- 尊重自己的身体感受，不要照搬他人的夜跑计划。
- 固定夜跑时间，以保持良好的运动和作息习惯。
- 跑步速度以舒适为主，不要过快。
- 注意控制跑步时长，如果想提高运动量，可稍微加快跑步速度，但不要过度疲劳。
- 评估体能，结合夜跑目标制订夜跑计划。
- 将夜跑路线选择纳入夜跑计划。
- 将适合自己的跑前热身和跑后拉伸内容纳入夜跑计划。
- 夜跑后及时补充水分和电解质。
- 可以利用跑步 App 创建个人夜跑计划，但应在夜跑实践中结合自身跑步体验适时调整计划。
- 一周内，如果某天跑步计划被搁置，不必懊恼，将错过的跑步量均匀分摊在之后的夜跑中，保障一周的总跑量符合夜跑计划，这也是一种灵活的处理方法。

第七章 夜跑到底应该怎么跑

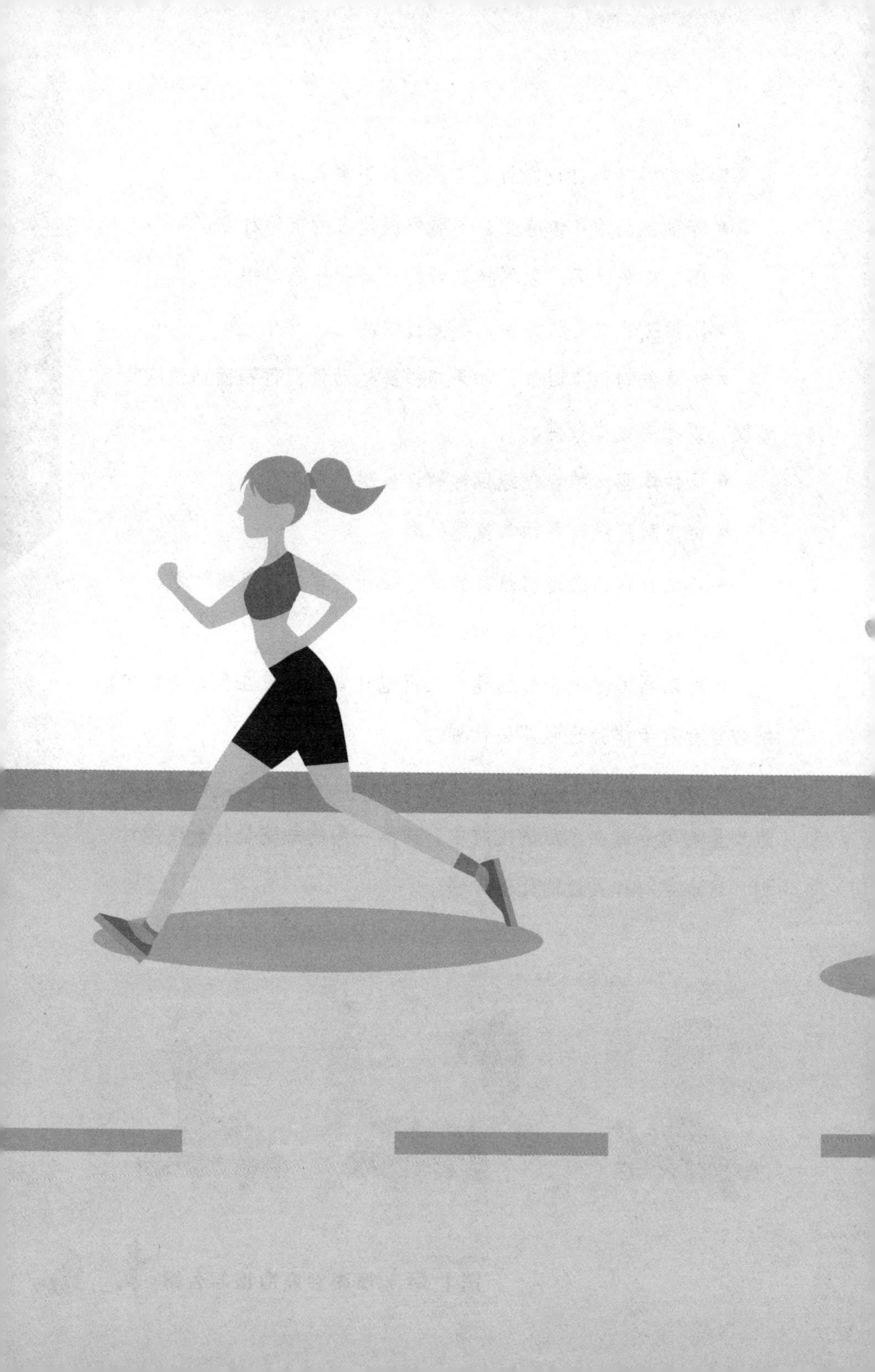

第八章

关于夜跑的常见疑问

在准备夜跑时,每位夜跑者都面临着很多问题,如夜跑前后的饮食问题、夜跑的时长问题等,这些问题对于夜跑者而言至关重要,可能会影响夜跑者的身体健康,需要每位夜跑者加以重视。

夜跑可以减肥吗

畅所欲言

人们普遍认为,夜跑可以燃烧脂肪,加速新陈代谢,因而坚持夜跑就能够有效减肥。

你认为,坚持夜跑可以减肥吗?你知道怎样通过夜跑来减肥吗?

从健身角度看,夜跑能够加速热量消耗,加快人体新陈代谢,帮助人们控制体脂的比例,从而实现减肥瘦身的目标。

但需要注意的是,夜跑减肥需要科学的方法指导。如果方法错误,长期坚持夜跑非但不能减肥,还可能造成身体损伤,比如造成肌肉拉伤、膝盖损伤等问题。

科学夜跑,有效减肥

在进行夜跑之前,可以先制订一个夜跑减肥计划,在计划中规定每周跑步的时间、次数、时长等。通过跑步减肥是一个漫长的过程,需要严格的执行力,将夜跑减肥计划贯彻下去。

相比于快跑,慢跑是更适合减肥的跑步方式。慢跑节奏稳定,可持续时间更长,更有利于消耗热量。跑步时需要坚持30分钟左右,直到身体发热、出汗,这样才能有效地将体内多余的热量消耗掉,达到瘦身的目的。

通过夜跑减肥是一件需要循序渐进的事情。对于刚开始夜跑的人来说,跑得太快容易受伤,身体也难以承受。因此,在夜跑初期,可以先进行慢速跑,跑步的时间维持在20分钟左右。随着夜跑次数的增加,身体的承受能力会逐渐增强,跑步的时间也可以随之延长,比如每次坚持夜跑20分钟,1个月后,可以将夜跑的时间延长至40分钟左右。另外，在夜跑的过程中，如果出现膝关节疼痛、脚踝疼痛等症状，应当立即停止跑步，查看伤情，以免造成更严重的损伤。

只有长期坚持夜跑才能达到减肥的目的。刚开始夜跑时，可能体重不会有明显的变化，但如果能够长期坚持，比如1~2个月后，身体就会消耗更多热量，体重随之明显下降。

合理控制饮食，轻松减脂

在坚持夜跑的过程中需要控制饮食，避免食用过多高热量的食物。如果摄入过多碳水，那么因夜跑而消耗掉的热量就会再次回到体内，这样是起不到减肥作用的，只会让减肥计划功亏一篑。

因此，如果想要通过夜跑减肥，就要合理控制饮食，尽量以低糖低油的食物为主，少吃油炸类、高脂类等热量过高的食物。特别是在夜跑时，如果遇到街边烧烤、小吃，一定要控制住自己，不去吃这些高热量的食物，否则不仅不能减肥，还会持续长胖。

如果在夜跑的过程中能够坚持低脂饮食，那么就可能在一定时间内减轻体重，瘦身成功。

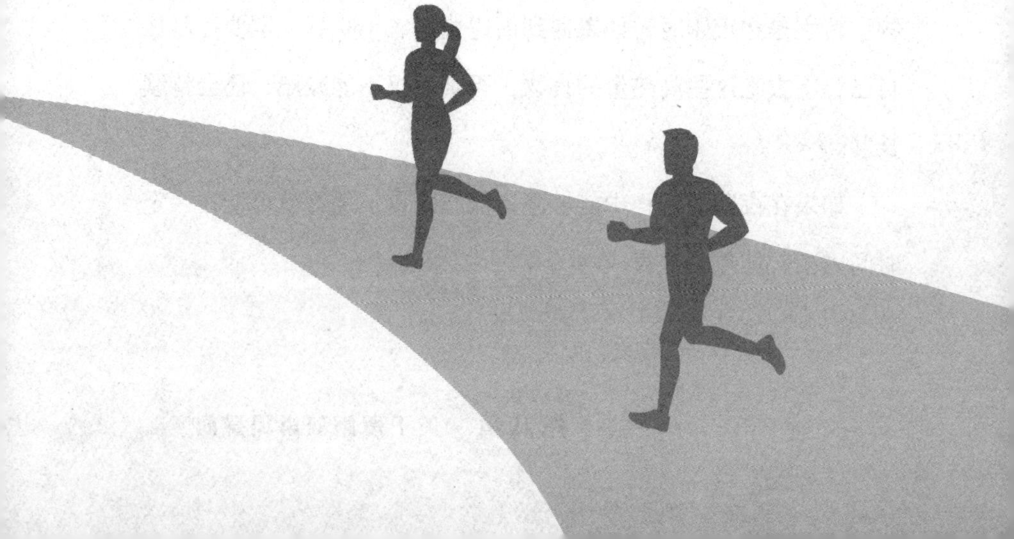

夜跑路线如何选择

畅所欲言

夜跑路线决定了夜跑的场地、环境，影响着夜跑者的安全和心情，对夜跑者来说至关重要。所以，在夜跑之前，需要提前规划路线。

你在夜跑前会提前规划路线吗？你一般会选择在什么样的场地夜跑呢？

科学跑步 晨跑与夜跑

为了保证夜跑顺利进行，夜跑者需要提前调查不同的夜跑路线，了解不同路线的特点，从中选择出最安全、最适合自己的一条路线。

● 选择往来车辆少、路上行人少的路线。人在跑步时，速度较快，往往来不及避让突然出现的车辆、行人。所以要选择车少、人少的路线。而且，往来车辆多，汽车尾气多，吸入大量汽车尾气不利于人体健康。因此，在夜跑时可以选择学校操场或公园内的道路。

● 选择道路平坦的路线。平坦的道路不容易摔跤，是跑步最好的选择。塑胶跑道不仅平坦，还具有一定的弹性，可以保护夜跑者的腿部关节，摔倒时也可以有所缓冲，是夜跑较好的路线选择。

● 选择环境良好的路线。夜跑时的整体环境也是选择夜跑路线的参考因素之一，优美的环境能够让人身心开阔，在跑步时保持好心情。植物多的路线空气优良，有利于身体健康。因此，可以选择沿江公路、沿海公路、环境优美的公园等，有利于身心健康（图8-1）。

● 选择安全性高的路线。夜晚跑步存在一定的危险性，所以在选择夜跑路线时一定要以安全为准则。要选择有路灯的、有人群活动的、路况明确的夜跑路线，不要选择昏暗的、偏僻的、路况不明确的路线。可以选择学校操场、宽阔且有人员往来的马路，也可以选择夜晚人流量较大的公园等，这些地方安全性较高。

图 8-1 沿着江边夜跑，能够欣赏风景，愉悦心情

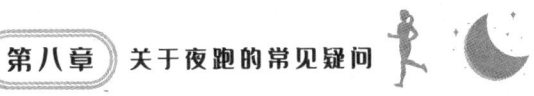

科学跑步 晨跑与夜跑

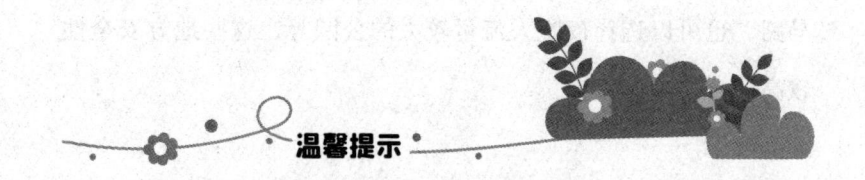

温馨提示

选择夜跑路线的主要原则

● 夜跑路线的选择与规划需要根据夜跑者自身情况而定，比如夜跑的时长、夜跑者自己的喜好等。这些是夜跑者规划路线时主要的参考因素。

● 根据自己的能力规划夜跑路线。在规划夜跑路线时，要考虑自己的跑步目标和能力水平。可以遵从由易到难的原则，先设置一个容易达成的夜跑目标，以目标为标准规划夜跑路线，再逐渐增加难度，调整夜跑路线。

● 提前考察路线，进行试跑。在选择一个新的路线时，最好提前进行考察，必要时可以试跑，以了解实际情况，发现潜在的问题或挑战。

夜跑前后的饮食如何控制

畅所欲言

夜跑前后如何饮水、进食关系到夜跑者的身体健康,是夜跑者必须重视的问题。如果不注意控制夜跑前后的饮食,就可能会出现胃部不适等状况,损害身体健康。

你有关注过夜跑前后的饮食问题吗?你在夜跑前和夜跑后会控制饮食吗?

夜跑作为一种运动量较大的运动项目，在夜跑前后都需要补充能量，以满足身体的需要。但是，夜跑前后的饮食都需要控制，不能吃太多的食物，不然会给肠胃带来负担，出现胃痛、呕吐等问题。

夜跑前的饮食

夜跑前最好不要空腹，不然容易出现低血糖、眩晕、心慌等问题。但跑步前也不宜吃太多东西，如果吃太多，食物消化的时间有限，在跑步的过程中可能会造成肠胃功能紊乱，出现腹痛、呕吐等情况。所以，跑步前的饮食要适量，既不能空腹，也不能过量。

跑步前可以吃一些容易消化的谷物、蔬菜等，如面包、麦片、坚果、西红柿等。如果没有时间吃饭，或者不想吃饭，可以吃一些容易消化的水果，如香蕉、芒果，也可以吃一些巧克力，为身体补充能量。

如果跑步时间较长，夜跑之前还要注意补水，避免身体出现脱水的情况。

夜跑后的饮食

夜跑后，身体各器官尚处于亢奋状态，消化功能较弱，立即吃东西会容易导致消化不良。因此，夜跑后不要立刻吃东西，根据夜跑运动量的多少，夜跑者可以在运动后 30 分钟至 1 小时后再进食。如果运动量较小，夜跑后 30 分钟左右就可少量进食。

晚餐的消化需要一定的时间，特别是肉类，所需消化时间较长。如果夜跑后时间较晚，在晚上 9 点左右，甚至超过 9 点，最好不要吃过于油腻的、高热量的食物，吃这些食物不利于消化，还容易造成脂肪堆积。

夜跑后可以吃一些容易消化的食物，如谷物、粗粮等，还可以吃一些水果，补充维生素。如果夜跑后时间尚早，可以正常饮食，吃一些肉类，如牛肉、鸡肉等，补充身体所需的热量。

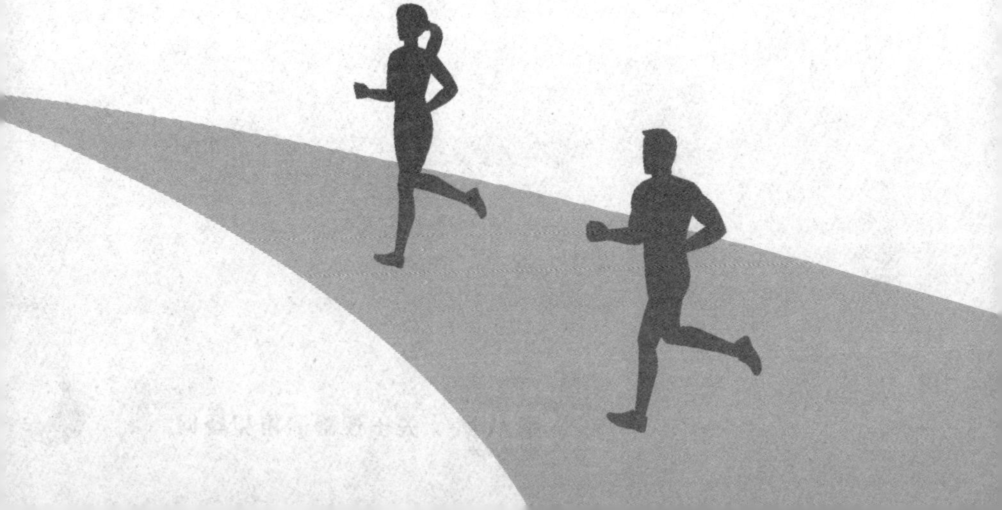

跑时出汗越多越好吗

畅所欲言

在夜跑的过程中出汗是正常现象。有人认为，夜跑时出汗是将体内的毒素排出体外，因此夜跑时出汗越多越好。

你认同这一观点吗？你觉得夜跑时出汗越多越好吗？

科学跑步 晨跑与夜跑

夜跑时，身体会产生热量，体温上升，身体出汗，这是正常现象。而且，跑步时出汗可以帮助身体平衡体温，加速代谢，有助于身体健康。但要注意，夜跑时出汗并非越多越好。

夜跑出汗过多的危害

夜跑时，如果大量出汗，可能会使身体体液减少，水分不足，还可能使心率加快，不利于身体健康。而且，如果身体水分不足，体温可能会上升。夜晚气温低，夜跑者可能会有发烧、感冒的风险。

虽然在跑步时出汗是正常现象，但并非出汗越多越好。这就要求夜跑者在跑步时把握好运动量，适度运动，避免过量出汗。

夜跑后大量出汗怎么办

夜跑后，如果出汗量较大，可以采取以下方法。

● 避免吹风。很多人会在夜跑后吹风扇、吹空调，以加速汗液蒸发，但这样可能会引发发烧、感冒等疾病，所以夜跑后要注意保暖，避免着凉。

● 补充水分。夜跑后人体水分大量流失,容易出现脱水的现象,因此要及时补充水分,饮用适量的白开水或盐水。

● 夜跑后不能立刻喝冰镇饮料,不然容易刺激肠胃,出现腹痛、腹泻等症状。

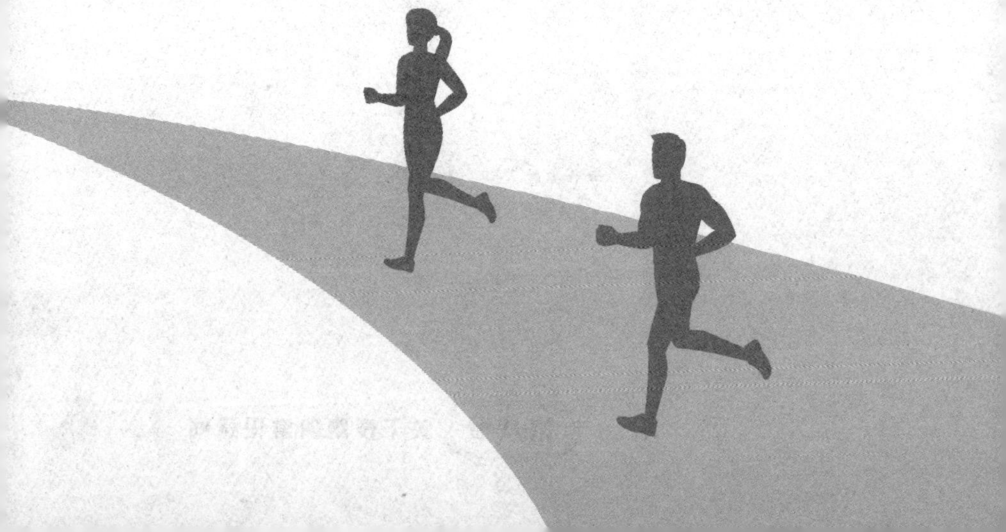

如何把握跑步时长和运动量

畅所欲言

对于初跑者而言，跑步时长和运动量是很难把控的，很多初跑者常常会出现过度运动或运动时间不够的情况。

你知道如何控制跑步时长和运动量吗？你在夜跑时也会有不懂得如何把控时长的烦恼吗？

夜跑的时长和运动量是可以调整的，夜跑者可以根据自己的身体状态及时调整，让自己在良好的身体状态下完成夜跑。

跑步时长

夜跑者需要根据自身的身体状况、体能水平、跑步目标来确定跑步时长，灵活把握，让自己顺利完成夜跑目标，保持身体健康。

对于初学者而言，跑步时长不应过长。如果跑步时间过长，可能会出现膝盖损伤或疼痛等问题。应该从短时间开始，随着身体体能的增强而逐步增加跑步时长。

初学者的跑步时长可以在20~30分钟，不宜过长。等夜跑一段时间、身体适应这样的强度后，再逐步增加跑步时长。比如，坚持每天夜跑30分钟左右，一个月后，将跑步时长增加到每天夜跑40分钟左右。

对于有经验的夜跑者而言，可以根据体能水平、运动目标来设置跑步时长。比如，如果想要增肌或健身，可以每天跑1小时左右，以增强肌肉的耐力。也可以设置具体的跑步长度，通过不断增加跑步路线的长度，来延长跑步时长。但要注意的是，夜跑后要注意休息，不应每天夜跑，以防肌肉拉伤或身体损伤，可以每周安排夜跑2~3次。

运动量

关于夜跑的运动量，夜跑者要根据自身情况灵活调整。

首先，要合理调节夜跑的频率。夜跑的频率不应过于频繁，特别对于新人而言，每周夜跑2~3次即可。这样能够让身体逐渐适应跑步状态。在身体状态较好，且肺活量得到锻炼不断增强的时候，可以增加夜跑次数，如每周4~5次。

但是，夜跑最好不要每天都进行，如果每天都坚持夜跑，身体会一直处于紧绷状态，反而不利于身体健康，而且夜跑过于频繁，容易造成腿部损伤。所以，在坚持夜跑几天后，应当适当休息，等待身体恢复，再进行下一轮夜跑。

其次，在夜跑时要合理调整跑步的时长和速度。夜跑的时长要根据身体状况而定，夜跑者要时刻感知自己的身体状况，如果身体出现问题，要及时停止夜跑。

夜跑时，应尽量保持匀速，不宜过快。夜跑是需要长期坚持的运动，如果一开始的跑步速度较快，后面会逐渐失去力气，难以坚持下去。所以，夜跑时要尽量保持匀速。

另外，在夜跑过程中，如果发现心率过快或者出现呼吸急促等问题，就说明运动量过大，应适当放慢速度，调整身体状态。

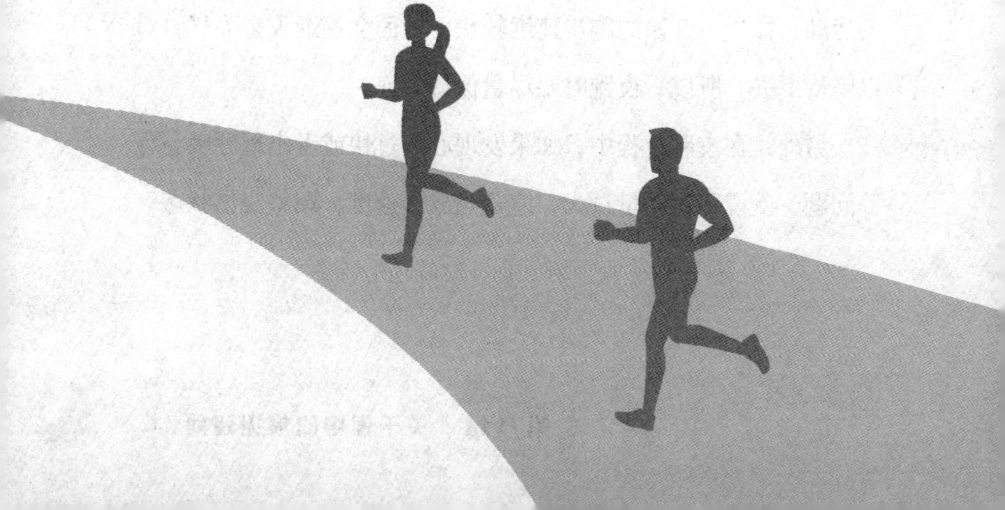

跑后可以马上洗澡吗

畅所欲言

夜跑后身体会分泌大量汗液,因此很多人会在夜跑后洗澡。

夜跑后可以马上洗澡吗?你知道夜跑完多久可以洗澡吗?你知道夜跑后立即洗澡的危害吗?

科学跑步　晨跑与夜跑

夜跑后，人体会出汗，此时立即洗澡，就会使毛孔打开，加剧水分流失，使人体出现胸闷气短等问题。

另外，当人体出汗较多的时候，会出现体温下降的情况，这时候立即洗澡，可能会出现发烧、感冒的情况。

因此，夜跑后切忌立即洗澡，应当休息一段时间后再洗澡。一般情况下，夜跑后30分钟左右，待心跳平稳、汗液蒸发、身体各器官恢复平稳后，就可以洗澡了。

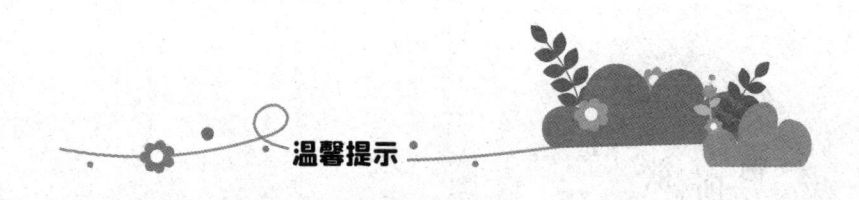

温馨提示

夜跑后，应用凉水洗澡还是热水洗澡

夜跑后容易出汗，尤其是在夏天，夜跑后身体总是大汗淋漓，此时很多人喜欢冲凉水澡，让身体清爽。然而，夜跑后用凉水洗澡，会刺激毛孔，令运动后处于扩张状态的毛孔收缩、关闭，这可能会导致身体器官功能紊乱，还容易使人受凉感冒。

有些人则喜欢在夜跑后用过热的水洗澡，其实这同样不利于身体健康。夜跑后用热水洗澡会加速血管扩张，导致心跳加快，血压下降，还可能使皮肤表面的油脂被破坏，导致皮肤干燥。

因此，夜跑后既不能马上用凉水洗澡，也不能用过热的水洗澡，而应用温水洗澡。一般来讲，洗澡水的温度在 35℃~40℃ 之间较为合适，不宜过凉，也不宜过热。

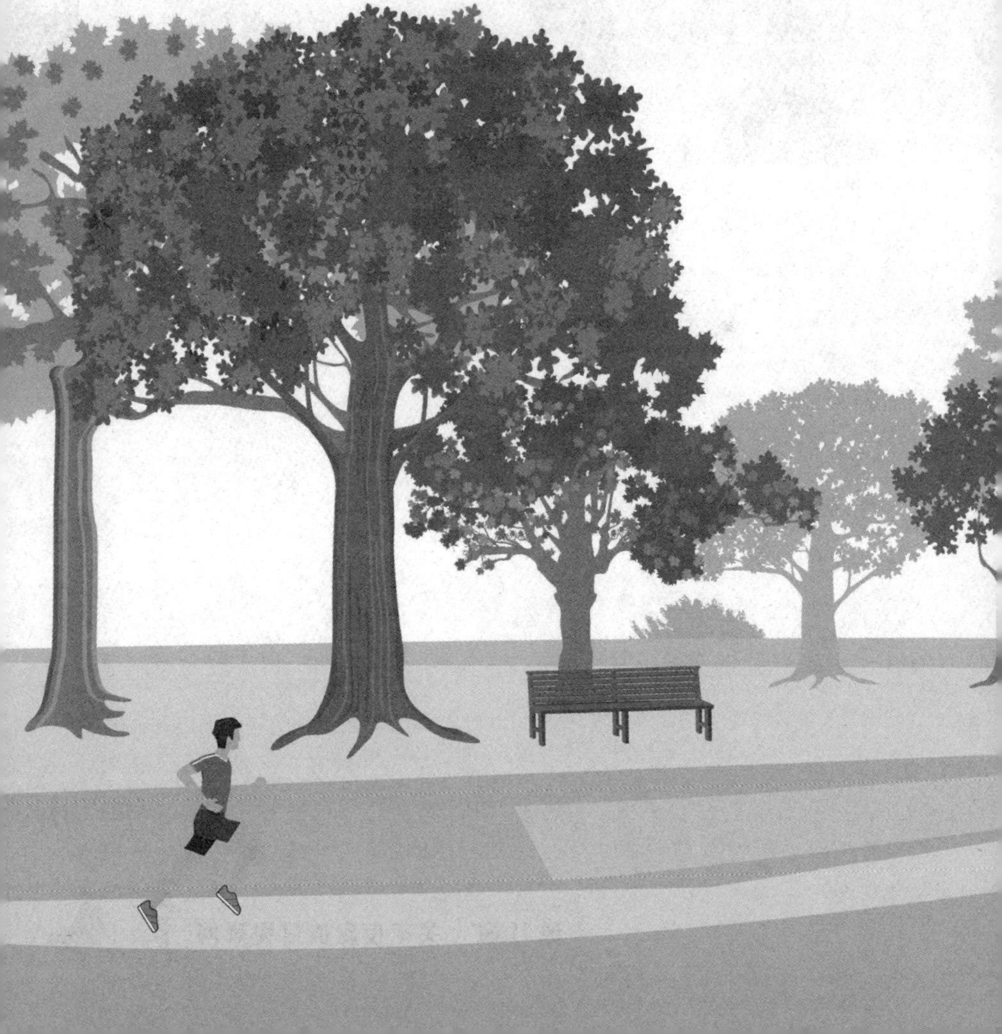

运动防护

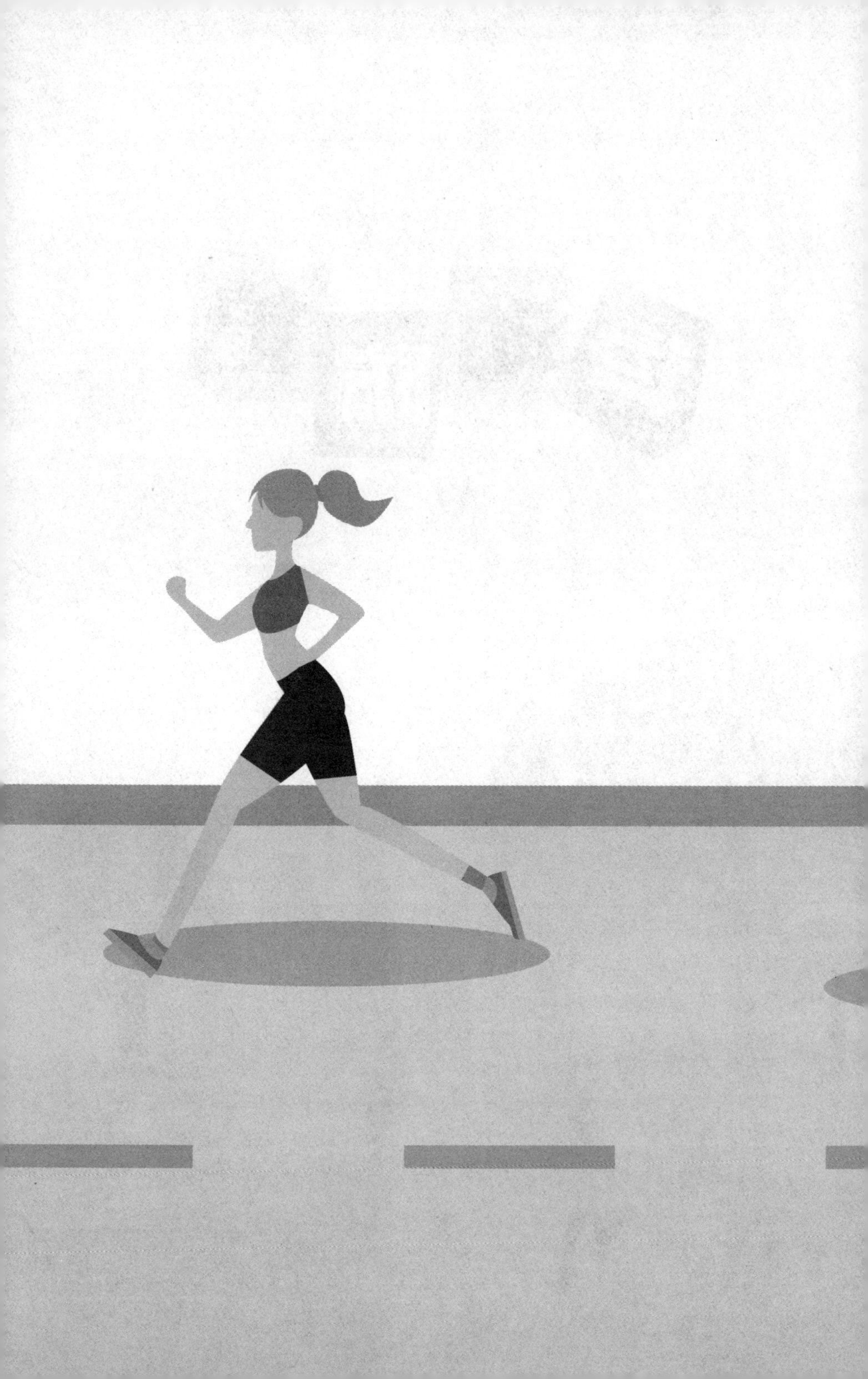

第九章

热身、跑姿与体能

晨跑与夜跑的顺利开展与良好效果的取得，离不开科学的运动方法。

跑前热身、保持正确的跑步姿势，跑步间歇和跑步期间的体能训练等，这些都是跑步者在参与晨跑与夜跑时应该认真做到的，如此才能让跑步更持久，让身心受益。

先热身，再跑步

畅所欲言

有些人认为，跑步前不需要做热身运动，直接开跑就可以。其实，这是一种不正确的观点。

你的晨跑或夜跑是从出门的那一刻或者到达运动场地的那一刻就开始了吗？你认为正式开跑前应不应该做一些热身活动，做或不做的理由又是什么？

任何健身运动或竞技运动都需要进行热身，晨跑与夜跑也不例外。

站在健步道或公园行人道上，正式开始晨跑或夜跑前，应该先做一些热身活动。

跑前热身的好处

跑前热身能够帮助你的身体从安静状态逐渐过渡到运动状态，具体好处如下。

- 调整身体状态，让你跑得更轻松。
- 促进血氧循环，促进肌肉收缩与放松，提高肌肉工作效率；增加肌肉力量和耐力，减缓肌肉疲劳。
- 提高身体温度，提高肌肉温度，让肌肉更灵活。
- 增加关节灵活性，避免关节僵硬和疼痛的发生。
- 增强心肺功能，让跑步更快、更持久。
- 促进身体代谢，提高燃脂效果。
- 避免因身体活动不充分而引发抽筋、岔气、扭伤、拉伤、关节疼痛等运动损伤。

跑前热身的方法

● 绕膝：两脚并立，上身前倾，双手扶膝，双膝主动进行左—前—右—后的顺时针和右—前—左—后的逆时针绕环动作，提高膝关节灵活性。

● 绕踝：两脚并立，身体正直，双手叉腰，一脚提脚跟，脚尖点地，脚踝主动做顺时针或逆时针的绕环动作，两脚踝交替绕环，以增强踝关节灵活性。

● 原地小碎步：两脚开立，上体稍前倾，双腿快速、交替踏步，双臂随摆，以促使神经兴奋、激发全身肌肉活力。

● 原地高抬腿：两脚开立，上体正直，双腿快速、交替提膝抬腿，大腿与地面平行，双臂随摆，提高肌肉和神经兴奋状态。

● 抱膝提踵：直立，一腿支撑，一腿屈膝高抬，双手抱膝使大腿贴近上体；支撑腿提踵、脚尖点地支撑。双腿交替练习，以活动膝关节，放松髋部肌肉（图9-1）。

● 交叉提膝：两脚并立，一腿支撑，另一腿提膝抬腿，大腿与地面平行，双臂屈肘随提膝节奏左右摆振，髋部随摆。该动作可增强膝、髋关节的灵活性。

图 9-1 抱膝提踵准备动作

● 弓步上展臂：前弓步站立，上体正直，双臂向上伸直，双手头上斜后方交握，整个身体处于伸展状态。该动作有助于拉伸肩、背、腿、膝等部位肌肉，活动肩、肘、髋、膝、踝关节，能有效避免肌肉抽筋和缓解关节僵硬（图9-2）。

图9-2 弓步上展臂

- 弓步转体上展臂：前弓步站立，上体前倾，一手扶地呈双脚加一手三点支撑，后背在保持直立的基础上进行斜转体，非支撑手臂直臂向上伸展，整个身体保持伸展状态，以全面拉伸躯干、四肢肌群，提高身体协调性，增强胸椎灵活性。
- 侧弓步：两脚开立，一脚向侧方跨一大步，一腿屈膝支撑，非支撑腿伸直、向下振荡，后背挺直，单手或双手扶地保持身体平衡，两腿交替练习。该动作有助于活动髋关节、伸展大腿内侧肌群（图9-3）。

图9-3 侧弓步

● 俯撑爬行：俯卧，四肢伸直，双手、双脚支撑身体，身体呈一条直线，双手固定位置不动，收腹，双脚向前移动爬行，再后退，反复做爬行练习，以增强肩、髋关节的灵活性和控制力，激活全身肌肉活力。

● 俯撑蹬跑（登山跑）：俯卧，身体成一条斜线，收腹，双臂伸直与一只脚呈三点支撑，一腿利用大腿带动小腿屈膝离地，膝盖靠近胸部，两腿交替进行提膝蹬跑练习，以活跃大腿前侧肌群，增强身体的核心稳定性。

● 跪撑压腿：双臂直臂支撑，一腿跪撑，另一腿向前伸直，重心后移，伸直的腿向下振荡或勾脚尖拉伸腿部肌肉，双腿交替练习以提高腿部肌肉活力，增强髋部稳定性。

● 10米来回跑：进行短距离的来回跑，提高身体肌肉和神经的兴奋性，增强身体各关节灵活性。

热身应在正式晨跑或夜跑前 10～15 分钟进行，热身强度不要太大，以感到身体微微出汗，感觉体温升高为宜。

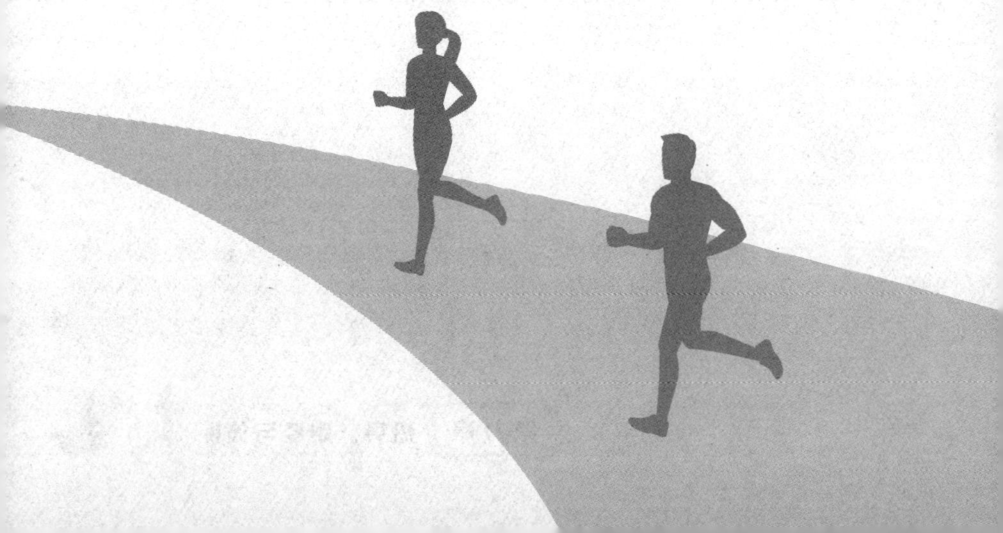

正确的跑步姿势与技术

畅所欲言

跑步并非迈开腿跑这么简单,要想通过参与晨跑与夜跑健身、燃脂,又不受伤,就必须学会正确的跑步姿势与技术。

你关注过自己的跑步姿势吗?跑步过程中应该如何摆腿、摆臂呢?脚在落地时如何能最大限度地减少地面对身体的冲击?

科学跑步 晨跑与夜跑

无论参加晨跑还是夜跑，都必须掌握正确的跑步姿势与技术，这是安全跑步的基础。掌握正确的跑步姿势与技术，不仅能让你越跑越轻松，还能让你远离运动损伤。

正确的跑步姿势

- 头颈姿势：头部正直，颈部自然伸直，避免后仰或前倾，面部放松，目视前方 6～15 米的位置，不要低头看脚。
- 肩背姿势：肩膀放松，不要耸肩，两肩要平，后背挺直。
- 腰腹姿势：注意收腹，腰背挺直。
- 手臂姿势：半握拳，屈肘 90°。
- 腿部姿势：大腿和膝前摆，而非向上抬腿。

在整个晨跑或夜跑过程中，身体自然放松，上体稍前倾，大腿带动小腿交替向前迈，双脚柔和落地，双臂随摆（图 9-4）。

腰背挺直，肩部放松

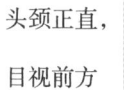

头颈正直，目视前方

半握拳

屈肘 90°

大腿发力带动腿部前摆

图 9-4　正确的跑步姿势

活力晨跑　时尚夜跑　运动防护

第九章　热身、跑姿与体能

科学跑步 晨跑与夜跑

正确的跑步技术

摆腿技术

晨跑与夜跑时，髋、膝、踝三关节应充分伸直，大腿发力，带动整个腿部前抬，带动膝、小腿向前迈进。技术动作要点具体如下。

● 大腿前摆时，应快速、有力，先依靠爆发力前抬，再快速下压。

● 小腿在大腿前摆时，先保持放松和自然下垂，随后跟随大腿向前伸直、向前摆腿。

● 每次摆腿，膝关节应跟随摆腿的节奏及时微抬，确保脚离地腾空。

● 踝部保持放松，后蹬不必全力进行。晨跑与夜跑属于健身跑，而非竞技跑，因此跑步过程中，后脚跟和脚踝抬起时的角度要低于膝盖的高度。

摆臂技术

在晨跑与夜跑中，摆臂主要起到维持身体平衡的作用。具体技术要点如下。

- 上体正直，躯干不要左右晃动，只摆臂。
- 屈肘接近 90°，以肩为轴，向前、稍向内摆臂。
- 跟随跑步节奏自然摆臂，跑速快时，摆臂幅度大；跑速慢时，摆臂幅度小。
- 避免顺拐。

着地技术

着地时的正确动作有助于更好地缓冲地面对脚踝和身体的冲击力，技术动作要点具体如下。

- 先用前脚掌着地，然后过渡到全脚着地。
- 着地时，脚跟离地面不要太高。
- 脚掌在着地时，要有意识地适度保持脚跟和重力的对抗，不要任由脚跟自然落地，以保持跑的弹性。

呼吸与跑步节奏

- 推荐用鼻子呼吸，如果跑步过程中感觉到呼吸不畅，可尝试鼻吸口呼，并调整跑步速度。
- 呼吸与跑步节奏的搭配一般为两步一吸、两步一呼，或三步一吸、三步一呼，因人而异。

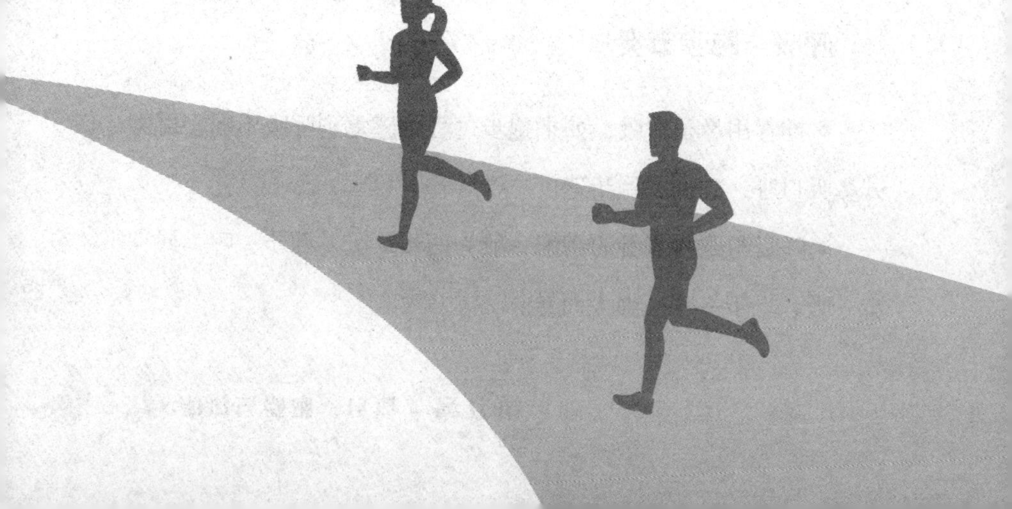

调整与控制呼吸

畅所欲言

大多数人晨跑与夜跑的目的是健身、燃脂,而非参与百米赛跑或马拉松。跑步的目的不同,跑步时对呼吸的要求也不同。

你在跑步过程中关注过自己的呼吸状态吗?有没有刚跑步不久就气喘吁吁的经历,你是如何应对的呢?

科学的晨跑与夜跑,必须掌握正确的呼吸方法与技巧,并结合自身在跑步过程中的身体表现及时调整呼吸,如此才能更好地完成晨跑与夜跑计划。

晨跑与夜跑的正确呼吸方法

在晨跑与夜跑中,可以从以下呼吸法中选择适合自己的呼吸方法。

- 鼻式呼吸:用鼻子吸气、呼气。呼吸时,胸腹自然外扩和收缩。

- 鼻吸口呼:用鼻子吸气,用嘴巴吐气。鼻吸口呼可增加吸氧量,加快二氧化碳的排出,促进身体新陈代谢。

- 腹式呼吸:鼻子吸气,腹部隆起;嘴巴呼气,腹部下沉。腹式呼吸可加大横膈膜活动,减少胸腔运动,有助于提高呼吸效率。

- 口呼吸:用嘴巴吸气、呼气。口呼吸适合有鼻炎的跑步者。

跑中如何调整与控制呼吸

● 在晨跑与夜跑中,推荐使用鼻式呼吸和腹式呼吸。

● 跑步过程中,如果感到氧气摄入不足,应首先调整呼吸频率和呼吸深度,其次考虑鼻吸口呼。

● 无论是两步一吸、两步一呼,还是三步一吸、三步一呼,跑步时都应保持自然、顺畅的呼吸状态。

● 如果呼吸节奏被打乱,应降低跑步速度,调整呼吸至均匀、正常的节奏。

● 跑步时,步幅要小,步频应慢,以150步/分为宜,以不喘粗气,边跑边说话不吃力为宜。

● 呼吸急促、呼吸困难时,应暂停晨跑或夜跑。

重视体能训练

畅所欲言

　　无论是晨跑还是夜跑，都需要一定的体能，良好的体能能帮助我们在晨跑或夜跑中跑得更持久、更轻松。

　　你有没有遇到过在跑步过程中手脚放不开、四肢沉重、摆动费力的情况？你知道是什么原因以及如何解决这一问题吗？

良好的体能，是身体轻快地参与运动的基础，如果想更好地完成和享受一场运动，应在平时加强自身的力量、耐力、速度、柔韧性、灵活性等体能素质训练。

根据以健身、燃脂为目的的晨跑者与夜跑者的体能需求，这里重点阐述力量、耐力、柔韧性这三方面体能的常见训练方法。

力量训练

良好的力量素质能让人在晨跑与夜跑中更轻松地摆臂、摆腿，同时保持身体（核心力量）稳定。

晨跑与夜跑的常见力量训练方法如下。

- 原地摆臂：直立，双臂有节奏地前后摆动，也可以手拿一瓶矿泉水或一本书做负重摆臂。
- 俯卧撑：俯卧，双手、双脚支撑，身体呈一条直线。双臂先伸直支撑身体，再屈臂使身体高度降低，再直臂使身体高度还原（图9-5）。
- 平板支撑：俯卧，小臂和双脚接触地面支撑身体，收腹，挺背，身体呈一条直线，保持动作数十秒以锻炼躯干核心力量（图9-6）。
- 原地高抬腿：直立，上体正直，双腿快速、交替高抬腿，大腿摆到与地面平行的位置。

● 仰卧举腿：仰卧，双腿并拢，大腿发力，使双腿直膝举起，与地面垂直。

● 仰卧蹬自行车：仰卧，双腿举起，在空中做蹬自行车的动作（图 9-7）。

图 9-5　俯卧撑

图 9-6　平板支撑

第九章　热身、跑姿与体能

图 9-7 仰卧蹬自行车

耐力训练

良好的耐力素质能够使人在晨跑与夜跑中跑得更持久。

晨跑与夜跑的常见耐力训练（晨跑和夜跑以慢跑为宜，慢跑属于有氧运动，这里指有氧耐力训练）方法如下。

- 匀速跑：连续匀速跑 1 小时。
- 越野跑：尝试在有丘陵、山坡的地方进行越野跑，跑 1 小时。

- 变速跑：一会儿慢跑，一会儿快跑，不断改变跑步速度，跑 30 分钟至 1 小时。

柔韧性训练

良好的柔韧性素质能够让肌肉保持放松，有足够的弹性，在跑步过程中能有效保持跨步距离，避免肌肉拉伤、关节代偿[①]。

晨跑与夜跑的常见柔韧性训练方法如下。

- 头颈拉伸：站姿或坐姿，上体不动，头颈主动用力向前（下颌触胸）、后（后仰头）、侧方（左右）伸展。
- 背后拉肩：站姿或坐姿，手臂一上一下在背后屈肘，双手尽量在背后靠近、交握（图 9-8）。
- 背向压肩：背对墙站立，双臂后抬，与肩同高，直臂扶墙，手指向上，屈膝降低肩部至最大限度。
- 体前屈（腰）：两脚并立，直膝，上身前俯，双手尽量触地。

---

① 代偿：当肌肉或关节失去原本功能但又需完成某动作时，身体会通过其他肌群或关节协助做动作。

图 9-8　背后拉肩

● 体侧屈（腰）：两脚开立，一手叉腰，一手直臂上举贴耳，挺胸收腹，向叉腰的手的一侧屈腰至最大限度，左右侧交替练习。

● 弓箭步压髋：弓箭步，双手叉腰，前腿屈膝 90°，后脚脚背触地，后腿屈膝触地、下压髋部。

● 直膝分腿坐压腿：坐姿，上体正直，两腿左右分开至最大限度，上体侧倾，向一条腿尽量贴靠。

● 扶墙拉小腿和脚踝：对墙站立，与墙一臂距离，直臂双手扶墙。双脚不动，屈肘，头触墙，身体呈一条斜线，拉伸小腿。

● 跑姿拉脚踝：身体做跑步定格姿态，前脚着地支撑，后脚全脚着地，拉伸后脚跟和脚踝（图 9-9）。

图 9-9　跑姿拉脚踝

温馨提示

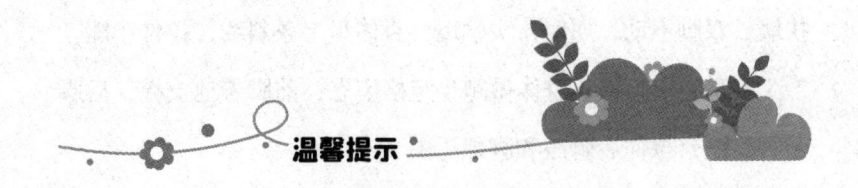

如何选择体能训练方法

体能训练方法有很多，除了前文提到的跑步者广泛使用的基本体能训练方法外，还有其他很多体能训练方法。面对诸多体能训练方法，究竟该如何选择呢？这里做以下提示。

● 初次参与跑步的体能训练，应尽量在有经验的跑者或教练的指导下进行。

● 注意热身，参与体能训练要进行必要的热身，以调动身体活力、避免受伤。

● 循序渐进，先从简单动作开始，由易到难，逐渐增加训练动作的难度、速度、幅度。

● 晨跑与夜跑均为有氧运动，因此跑步的体能训练内容和方法也应以有氧训练为主。

● 训练要有度，体能训练不要一味地追求"上难度"，以免动作幅度、强度超出身体承受能力造成拉伤或其他损伤。

第十章

跑步安全

科学的晨跑与夜跑，应注意跑步安全问题。受各种因素的影响，在参与晨跑或夜跑的过程中可能会存在一些安全隐患或遇到一些不安全因素，提前预知安全隐患、了解安全问题的应急处理方式，有助于化险为夷，安全锻炼。

跑后拉伸

畅所欲言

晨跑或夜跑后,身体从运动状态到静止状态需要一个过渡阶段,拉伸运动能帮你顺利过渡。

你在跑步运动结束后有进行拉伸的习惯吗?晨跑或夜跑后,应重点对身体的哪些部位进行拉伸呢?跑后拉伸过程中需要特别注意哪些问题呢?简单谈一下你的想法吧。

晨跑或夜跑后，身体各系统和各细胞均处于十分活跃的状态，如果跑后突然静止不动，可能导致身体不适，因此跑后的拉伸是非常必要的，一定不要忽视。

跑后拉伸的好处

● 促使身体从激烈的运动状态逐渐有序过渡到静止状态。

● 避免抽筋（肌肉痉挛）。晨跑或夜跑后，身体肌肉体积增大，肌纤维之间可能因产生摩擦而诱发抽筋，跑后拉伸可以使肌纤维得到伸展和放松，能避免身体抽筋。

● 缓解疲劳、肌肉酸痛。跑后的拉伸可促进血液循环，促进肌肉放松，避免跑步过程中体内的乳酸堆积，可有效缓解肌肉疲劳，减轻肌肉酸痛。

● 防止肌肉受损。跑后肌肉紧张，拉伸可帮助肌肉恢复正常状态，避免肌肉拉伤。

● 增强身体柔韧性。跑后人体体温较高，肌肉血液循环充足，富有弹性，此时的拉伸可伸展筋膜，增强身体的柔韧性。

● 美腿。跑后小腿肌肉充血，可能出现变粗的现象。跑后拉伸可促进小腿肌肉收缩、拉伸小腿肌肉长度，有助于塑造良好的腿型。

跑后拉伸的方法

晨跑或夜跑后，可结合身体感受进行不同身体部位的拉伸，由于跑中腿部参与运动较多，因此可重点针对腿部进行拉伸。以下分享几种用于腿部拉伸的方法。

● 大腿前侧肌肉拉伸：保持站立姿势，一腿支撑，另一腿小腿后屈抬起，同侧手抓握脚腕将小腿拉近身体贴合大腿（图10-1）。

● 大腿前侧肌肉和后侧筋膜拉伸：弓步站立，前腿大腿尽量与地面平行，后腿尽量直膝伸直，应体会到后腿的大腿前侧和膝后筋膜有拉伸感（图10-2）。

● 大腿内侧肌肉拉伸：两腿开立，一腿屈膝下蹲、大腿与地面平行，另一腿向外侧伸展、直膝，拉伸伸展腿的大腿内侧肌肉，注意保持身体平衡，避免摔倒（图10-3）。

● 小腿肌肉和脚底筋膜拉伸：两脚开立，上体左转，左脚向左前迈一步，上体侧俯，一手扶左腿膝盖一手拉左脚脚底。感受左腿小腿后侧、左脚的脚跟、脚底筋膜被伸展牵拉。右腿、右脚拉伸与左腿、左脚拉伸动作相同，只是方向相反。

● 腿部后侧与腰背肌肉拉伸：两脚开立，与肩同宽，直膝，上体前倾，直臂，双手触地。目的在于拉伸腰背部肌肉、腿部后侧筋膜，放松腰背肌肉，增强腿部柔韧性。

图 10-1　大腿前侧肌肉拉伸

图 10-2　大腿前侧肌肉和后侧筋膜拉伸

第十章　跑步安全

图 10-3 大腿内侧肌肉拉伸

避开车流高峰，不穿行马路

畅所欲言

对于晨跑族和夜跑族来说，马路并非最佳跑步场所，但很多人为了节约时间，会选择就近的路边进行晨跑或夜跑。

你居住的社区或工作的场所周围有社区公园、森林公园或健身广场吗？你或你身边的跑步爱好者通常会在哪里跑步呢？在马路边跑步需要注意哪些问题呢？

科学跑步　晨跑与夜跑

出于运动安全和交通安全考虑，无论是晨跑，还是夜跑，都应该避免车流高峰，尽量不要在马路边跑步，也不要在不看交通信号灯的情况下任意穿行马路，以免给自己或他人造成安全隐患。

如不得已需要在马路边跑步，应注意以下几点。

● 避开车流，尽量在人行道上跑步，不要挤占自行车道或机动车道。

● 避开车流高峰，选择车流、行人少的路段跑步，优选社区、公园的健步道或步行道。

● 遇到堵车，不贸然穿行马路，注意查看路况。

● 关注交通信号灯，同时注意车辆的行进情况，切勿以"车辆应礼让行人"当护身符横冲直撞。

● 结伴跑步，遵守交通规则，避免人为地扎堆"凑够一撮人"过马路，不制造交通隐患。

● 利用手机 App 提前规划安全的跑步路线，避开车流高峰路段、事故路段。

● 在商业街区附近跑步，优选广场周围封闭道路，避开早市、夜市以及繁华的商业街道、交通要道。

● 夜跑时，尽量选择宽敞明亮的道路，不在车流较多的主干道跑步，也不在人车罕至的偏僻道路跑步。

● 节假日期间，提前关注路况，以免晨跑或夜跑时正好赶上提前的早高峰或延后的晚高峰。

● 切勿沉迷于追求跑步数据，必要时应放慢脚步，忽略电子装备的配速、步频等提醒。

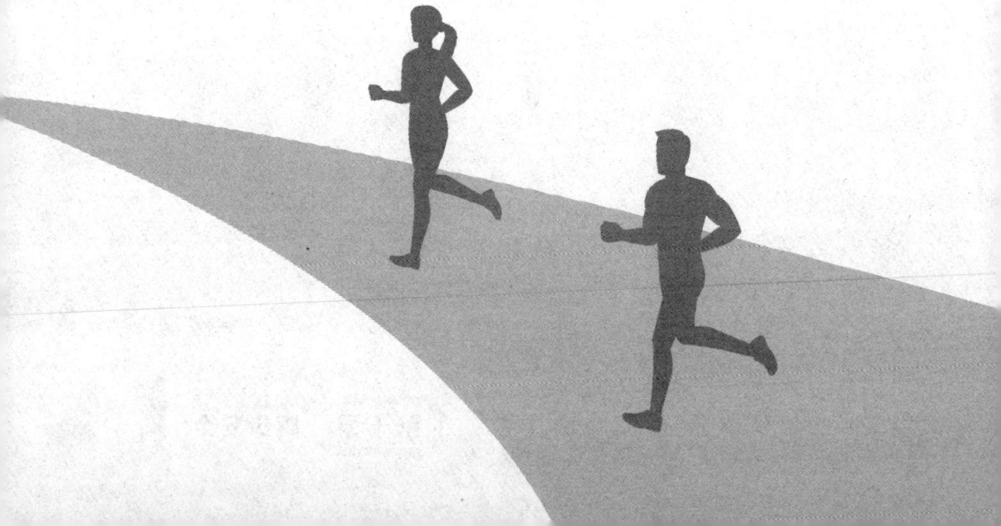

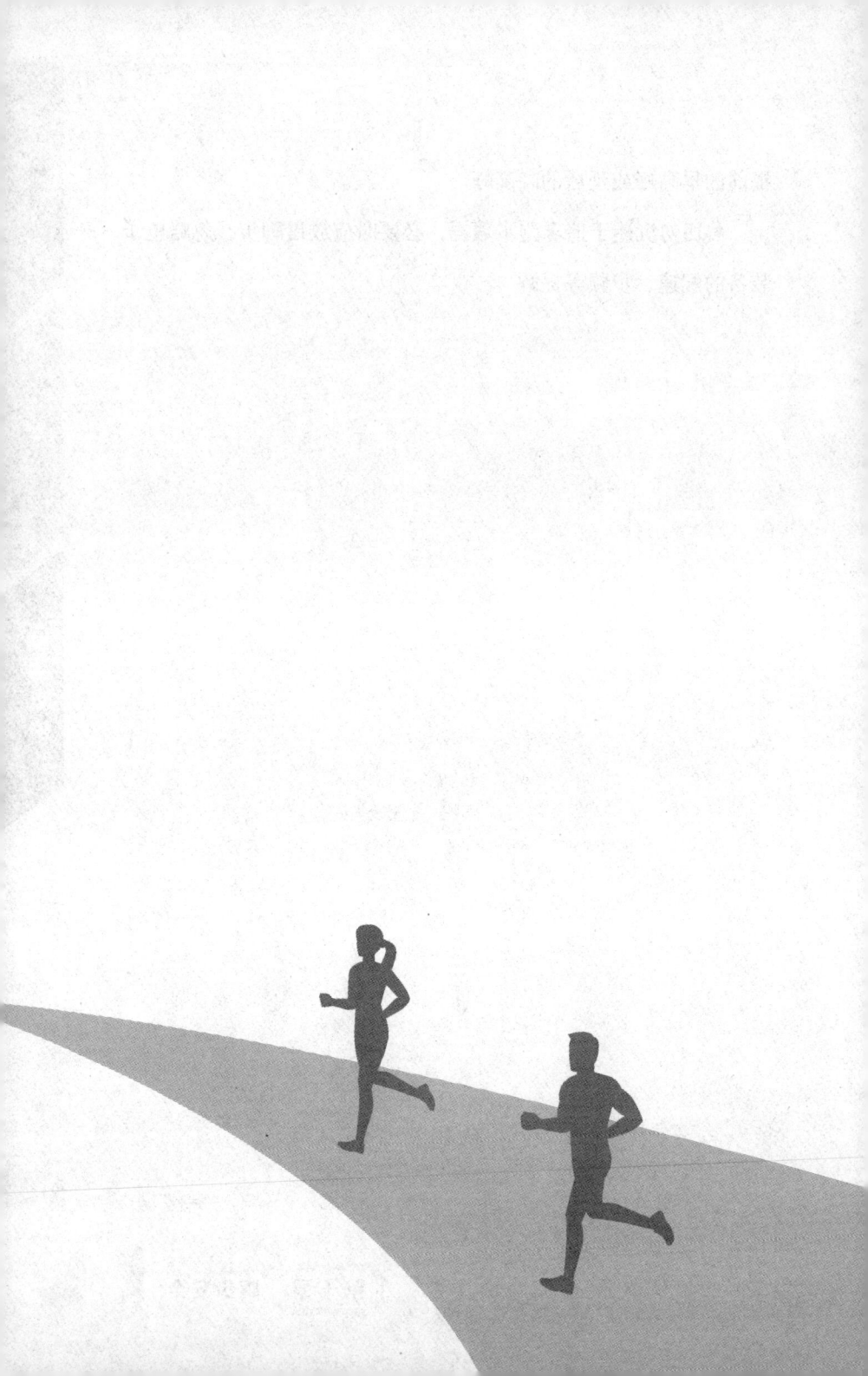

谨慎使用耳机

畅所欲言

运动耳机是跑步者经常使用的电子设备之一,一边跑步一边听自己喜欢的歌曲或广播,可以提升跑步的愉悦感,不过也可能存在一些安全隐患。

你有戴耳机晨跑或夜跑的习惯吗?你知道哪种情况下跑步应谨慎使用耳机吗?

科学跑步 晨跑与夜跑

关于跑步应不应该戴耳机，一直是众说纷纭。

从跑步安全的角度来说，一些跑友认为，跑步戴耳机可以避免用手机接电话，让跑步更安全；也有一些跑友认为，戴着耳机听歌或听广播，容易忽略周围的行人或车辆，这样跑步很危险。

实际上，跑步戴不戴耳机并无标准答案，因人而异，不过，在以下情况下进行晨跑或夜跑，请谨慎使用耳机。

● 如果习惯将耳机声音调得很大，不仅会损伤耳朵，还会屏蔽周围环境的声音，容易忽略危险，不建议戴耳机跑步。

● 夜跑时，环境往往嘈杂、昏暗，应谨慎使用耳机。

● 不熟悉跑步技术、跑步节奏的跑步新手，应谨慎使用耳机。

● 到一个新的环境中参与晨跑或夜跑，应谨慎使用耳机。

● 如果你正通过晨跑或夜跑开展跑步强度训练，那么你需要将注意力集中在跑步这件事上，应谨慎使用耳机。

● 入耳式运动耳机，隔音效果好，但佩戴者无法准确感知外界环境音，应谨慎使用此类耳机。

当然，如果一定要伴随着音乐或广播参与晨跑或夜跑，建议佩戴小型播放器，并在专门的健身步道上跑步。

不妨给自己找个伙伴

畅所欲言

参与晨跑或夜跑时,你喜欢一个人的畅快淋漓,还是与跑友的有说有笑?

在晨跑或夜跑锻炼期间,你有过拖延、不想出门跑步的情况吗?你参加过一些比较有趣的晨跑或夜跑社交活动吗?有没有遇到一些给你留下深刻印象的跑友?

科学跑步 晨跑与夜跑

跑步是一件非常考验个人耐力的运动，很多人因为早上起床困难而中断了晨跑计划，也有一些人因为工作太忙、太累而临时搁置夜跑计划。

当你觉得独自坚持晨跑、夜跑非常困难时，不妨给自己找个伙伴，有跑友相互鼓励，定会增加你的晨跑或夜跑动力。

那么，到哪里寻找跑友，寻找什么样的跑友（跑步伙伴）呢？以下建议供参考。

● 跑友应是熟知的人，最好是熟悉的亲友、同学、同事等。

● 从便于出行的角度来说，优先选择和自己共同居住的人，或住在同一个社区的朋友、邻居。

● 找有经验的跑友，可以通过朋友推荐或到城市森林公园碰碰运气，他们通常是有多年晨跑或夜跑经验的人，能为你提供许多诚恳的指导或建议。

● 找"爱操心"的跑友，这样的跑友善于做规划，每次跑步都会做详细的跑步攻略，跟着这样的跑友，你只专注跑步就可以了，跑步以外的事完全不必费心。

● 找"胜负欲强"的跑友，这样的跑友有坚定的意志力、强劲的跑步实力，他们不仅自己能坚定地执行跑步计划，也能带动你更持久、更科学地参与晨跑或夜跑。

● 找"甘心陪伴"的跑友，此类跑友本身可能并无跑步计划，不过他们愿意做你的"跑步搭子"，陪你度过初跑期，陪你逐渐进入跑步状态，养成晨跑或夜跑习惯。

● 亲子晨跑或夜跑，邀请父母或孩子一起参与晨跑或夜跑是非常不错的选择，可帮助全家强身健体、增强抵抗力，还可以增进亲子关系（图10-4）。需要注意的是，跑步过程中要时刻提醒同行的老人或少儿注意安全，帮助他们合理控制运动量，确保他们在参与晨跑或夜跑的同时，每天能拥有充足的睡眠时间。

● 谨慎结交线上跑友，避免泄露个人信息，注意跑步安全。

图10-4　男子在公园陪父亲晨跑

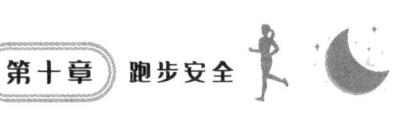

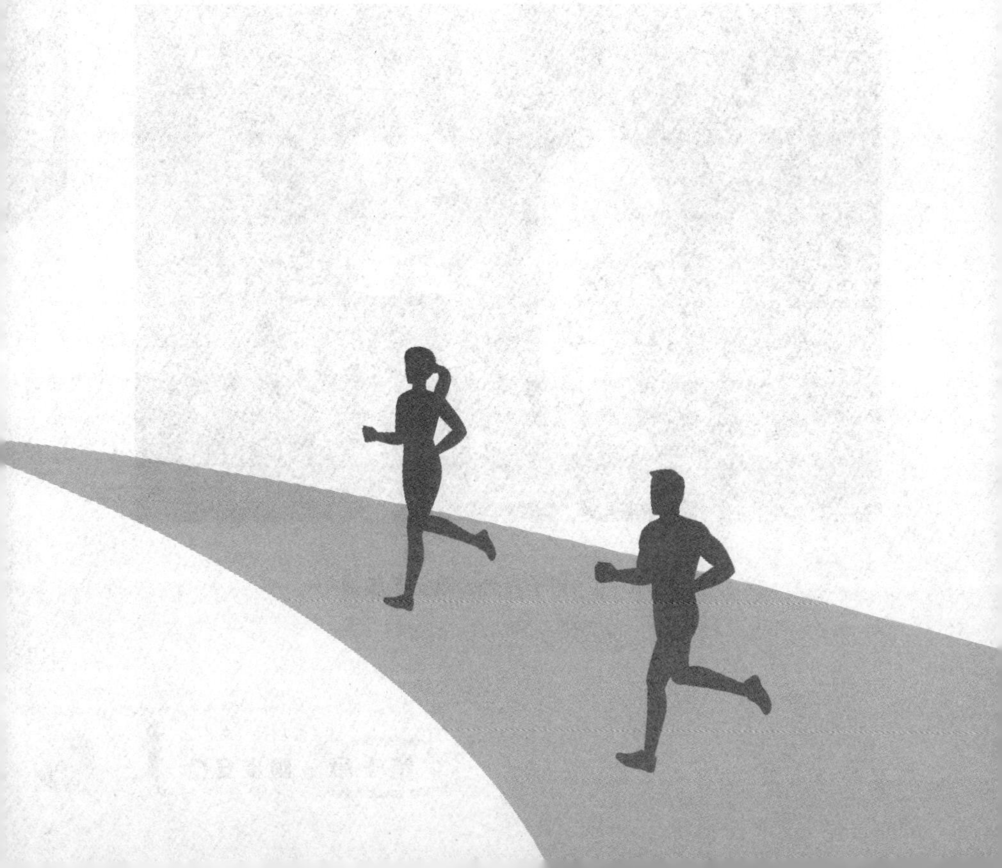

当心跑步路上的小动物

畅所欲言

在晨跑或夜跑的路上,除了遇到行人、车辆,也会遇到一些小动物,面对突然出现的小动物,通常情况下你会如何应对呢?遇到突然窜出的小猫、小狗怎么办?遇到青蛙、蜜蜂、小蛇等动物又该怎么办呢?

科学跑步 晨跑与夜跑

公园是非常适合晨跑或夜跑的场所，这里生态环境好，也是非常适合一些小动物生存的场所，因此很多跑友在晨跑或夜跑过程中，都曾有过遇到小动物的经历。

那么，在晨跑或夜跑中遇到小动物时具体应该怎么办呢？为了保证运动安全，要注意以下事项。

- 遇到小动物，应做到不主动挑衅、不主动杀生。
- 遇到蜗牛、蜈蚣、癞蛤蟆、小猫等体型较小、攻击性较弱的动物，不必驱赶，注意躲避。
- 遇到狗，注意观察它有没有被拴着、被牵引着，观察它的注意力是不是在你身上，如果它并无恶意，可稍放慢脚步远离；如有条件可远远避开，选择另一条道路前进，避免正面交锋；如果狗靠近你，要保持冷静，可以停下，避免大喊大叫，因为你的惊恐慌乱可能会刺激狗攻击你；如果狗对你大叫，并有下蹲退后的攻击动作，可以做蹲下扔抛石头的动作吓退它；如果不小心被狗咬伤应及时接种狂犬疫苗。
- 遇到蛇，应保持冷静，可站立不动，等待它自行离去，同时在接下来的跑步进程中尽量远离草地、小树林等可能有蛇出没的地方。

晨跑与夜跑过程中的常见伤病应对

畅所欲言

科学参与晨跑与夜跑,可有效降低运动伤病的困扰,但受主客观原因的影响,伤病在所难免。

你在晨跑或夜跑中,曾经遇到过受伤的跑友吗?跑步中你自己曾经受过伤吗?你是如何应急处理的?有哪些伤病在晨跑与夜跑的过程中发生概率较高,又该如何处理呢?

科学跑步 晨跑与夜跑

在晨跑与夜跑过程中，可能会遇到各种各样的伤病，要想免受伤病困扰，应以预防为主，在此基础上，做好伤病应对应急工作，将伤病的伤害降到最低。

针对晨跑与夜跑中的常见伤病的应对方法简述如下。

擦伤

在晨跑与夜跑时，路面不平或注意力不集中，或为躲避障碍物而重心不稳，这些情况下非常容易摔倒，可能导致皮肤擦伤。

皮肤擦伤后，可见表皮剥脱，并伴有出血。

擦伤的应对方法如下。

● 用生理盐水冲洗伤部，用棉球轻轻刷洗伤口，清除沙粒、碎石等异物。

● 用碘酒或酒精消毒。

● 涂抹止血止痛的急用药（如红药水、紫药水、云南白药、青霉素软膏等）。

● 根据创口大小可贴创可贴，或用纱布包扎。

扭伤

在晨跑与夜跑时，由于跑步技术动作掌握不熟练，或脚步节奏被打乱，或鞋不合脚等问题，都可能诱发膝或脚扭伤，崴脚扭伤最为常见。

崴脚扭伤后，通常伴有脚踝疼痛难忍、脚踝肿胀、活动受限等情况。

崴脚扭伤踝部的应对方法如下。

- 即刻停止跑步，注意休息。
- 对肿胀、疼痛位置进行冰敷，以消肿止痛。注意冰袋不要直接接触皮肤，最好隔着毛巾冰敷。
- 抬高患肢，促进静脉回流，可缓解肿胀和疼痛。
- 用较大的棉花块或海绵垫加压包扎。
- 受伤部位肿胀或疼痛严重，应及时就医做进一步检查与处理。

肌肉拉伤

拉伤是指肌肉过度收缩或拉长而导致的肌肉损伤，晨跑与夜跑过程中，如果步幅过大、跑速太快，可能导致大腿肌肉拉伤。

大腿肌肉拉伤后会有明显的肌肉疼痛、紧张、僵硬等情况，身体受伤部位有肿胀感。

肌肉拉伤的应对方法如下。

● 伤后立即冷敷，局部加压包扎，抬高患肢。

● 拉伤 24~48 小时后，可轻轻揉、捏伤部周围肌肉，通过按摩促进伤部血液循环。

● 疼痛剧烈应立即就医诊治。

岔气

晨跑与夜跑过程中，如果出现呼吸紊乱的情况就非常容易岔气，岔气后胸部会有疼痛感，而且痛处不固定。

岔气的应对方法如下。

● 即刻停止跑步，原地休息。

● 按摩、按压疼痛部位。

● 调整呼吸，改变呼吸方式，推荐腹式呼吸（鼻子吸气，腹部隆起；嘴巴呼气，腹部下沉）。

水泡

在晨跑与夜跑过程中,水泡发生的主要原因是脚部着地技术动作不正确,或鞋袜不合脚。

水泡的应对方法如下。

- 如果水泡较小,不要轻易挤破或刺破,保持皮肤完整,以免伤口感染,让水泡自行吸收、消退。
- 较大的水泡,可用无菌针刺破,做引流处理,然后外涂止血止痛的药物及消炎药,以防伤口感染,具体可在医生的指导下操作。
- 更换舒适的鞋袜。

抽筋

抽筋,又称肌肉痉挛,晨跑与夜跑前热身不充分或跑后没有及时做拉伸,肌肉紧张,容易导致抽筋。晨跑与夜跑过程中,腿部或脚底抽筋最为多见。

抽筋后,抽筋部位的肌肉会出现强直性收缩、僵硬的情况,会有疼痛感,局部活动受限。

抽筋的应对方法如下。

● 腿部抽筋，应尽力伸直膝关节、踝关节，充分背伸、拉长痉挛肌肉。

● 脚底抽筋，立即脱掉鞋袜，伸直腿，用手拉脚趾使脚趾背伸。

● 跑后回到家中，可用热水泡脚，促进下肢血液循环。

髌骨疼痛

髌骨疼痛主要表现为髌骨的关节软骨疼痛，一般来说，长期坚持晨跑或夜跑的人因技术动作不标准可能导致髌骨劳损，严重者可发展为"跑步膝"，上下楼梯时，疼痛会加剧。

髌骨关节疼痛的应对方法如下。

● 借助贴布和髌骨带，承托髌骨，促进恢复。

● 按摩髌骨周围肌肉。

● 疼痛剧烈者应及时就医诊治。

● 可通过腿下滚动泡沫轴的方法促进肌肉放松，缓解患部及周围的疼痛感。

● 痊愈后，调整跑步时长和距离，劳逸结合。

● 重新投入晨跑与夜跑锻炼前，注意调整跑步姿势，一定要学习和掌握正确的跑步技术动作。

跟腱炎

跟腱是连接小腿后方肌群与跟骨的带状肌腱纤维,跟腱炎是一种在长期晨跑与夜跑后,因热身不充分、跑步强度过大、小腿肌肉紧张、扁平足等问题引发的慢性劳损炎症,通常表现为足跟上方和内里疼痛、僵硬。

跟腱炎的应对方法如下。

- 跑后应坚持拉伸,拉伸动作一定要到位。
- 跑后的日常生活、工作中,可穿跟高 3 厘米左右的鞋子,或在平底鞋中垫上足跟垫,以帮助跟腱放松。[1]
- 注意加强休息。
- 可进行脚底滚按摩球(图 10-5)、提踵、勾绷脚、单腿站立、脚踝关节抗阻背伸等练习,以促进患处肌肉放松。
- 疼痛剧烈且持久者,应尽快到医院做进一步检查和治疗。

---

[1] 北京医师跑团.你真的会跑步吗? [M].北京:现代出版社,2018:207.

图 10-5　脚底滚按摩球

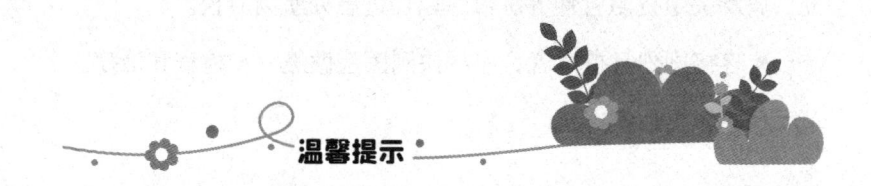

温馨提示

做好伤病预防，远离伤病困扰

晨跑和夜跑的目的是强身健体，所以每个参加晨跑和夜跑的人都应做好伤病预防，远离伤病困扰。

- 穿舒适的衣服和鞋袜跑步。

- 跑前一定要做热身运动。
- 学练和掌握正确的跑步姿势后再开始晨跑或夜跑。
- 注意保持正确的跑步节奏和呼吸节奏。
- 跑后一定要做拉伸。
- 跑步过程中注意合理补水。
- 跑累时,及时调整步伐和呼吸,不要强撑。
- 早晚温差大时,跑步前后应注意增减、更换衣物。
- 不要带病参与晨跑与夜跑。

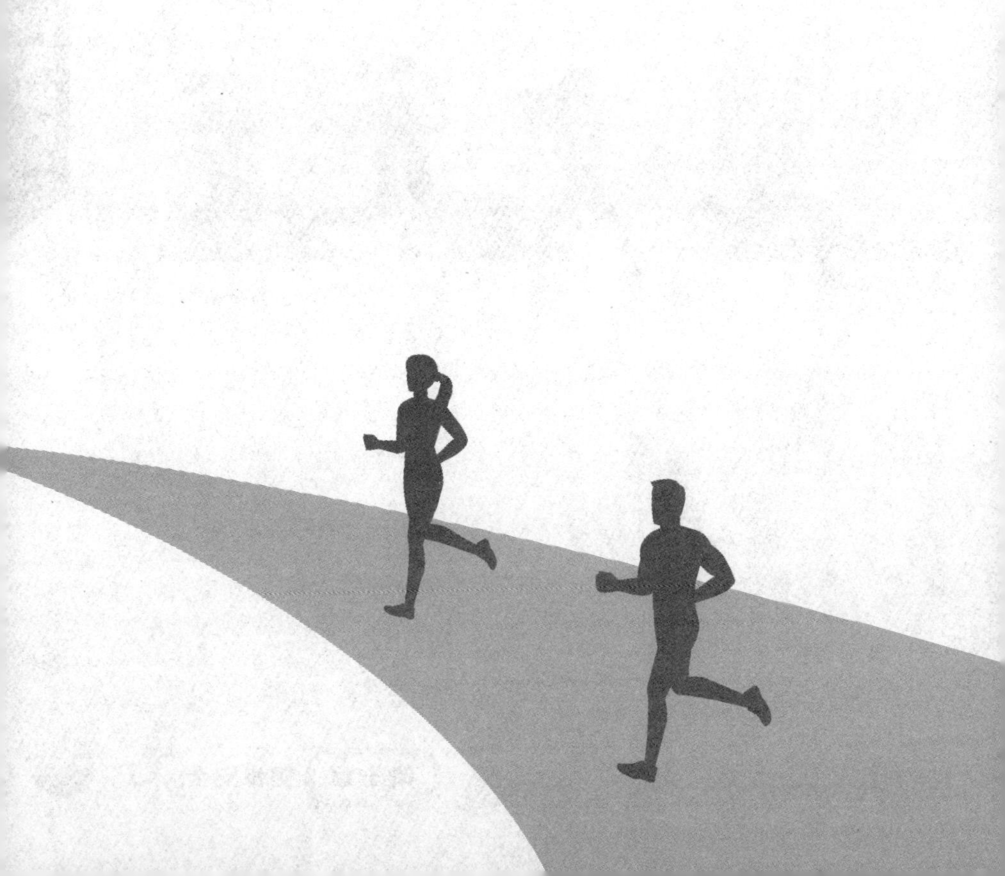

月经期如何参与晨跑与夜跑

畅所欲言

由于生理原因，青春期以后的女性会在每个月度过特殊的几天，即月经期。

在月经期，你的身体会有哪些不适呢？你觉得女性在月经期时，可以正常参与晨跑与夜跑吗？在月经期坚持晨跑与夜跑的女性，应该注意哪些问题呢？

科学跑步 晨跑与夜跑

月经是女性的一种正常生理现象,一般来说,在月经期,女性可以正常参与晨跑或夜跑。

月经期晨跑与夜跑的好处

月经期适度慢速晨跑与夜跑,会有以下益处。

- 慢跑对腹部有一定的按摩作用,能缓解腹部酸胀感。
- 改善血液循环,促进经血排出。
- 调节大脑皮层兴奋度,改善内分泌,缓解月经期不适,有助于改善月经失调。
- 愉悦身心,让人保持心情愉快。

月经期晨跑与夜跑注意事项

经常参与锻炼的女性,如在月经期身体并无不适,可以正常参与晨跑与夜跑,但注意结合身体情况适当调整运动时间、运动强度,同时注意以下几个方面。

- 月经期适合慢跑,速度不宜快,每次跑步时间不宜过长。
- 降低跑步频次,如平时每周晨跑或夜跑4次,月经期可每周跑 2 次。

- 跑步时，应降低配速、减小步幅，跑步状态接近快走。
- 早晨或晚上，气温较低，注意保暖，及时增减衣物，跑步后应尽快脱下被汗水浸湿的衣服，换上干爽的衣服。
- 跑前热身，避免做蹦跳动作。
- 跑后，一定不要忽视整理、拉伸等运动。
- 跑步过程中，如遇任何身体不适，应及时停止跑步，必要时及时就医检查。
- 月经期跑步，应注意增加睡眠时间，劳逸结合。
- 月经期跑步，注意补充营养，多吃新鲜蔬菜和水果，忌食生冷、刺激性食物。
- 在月经期身体不适感强烈的女性，应暂停跑步，注意休息、保暖，保持心情舒畅。
- 月经期夜跑后，避免熬夜。
- 月经期结束后，应循序渐进地恢复日常晨跑或夜跑的节奏。

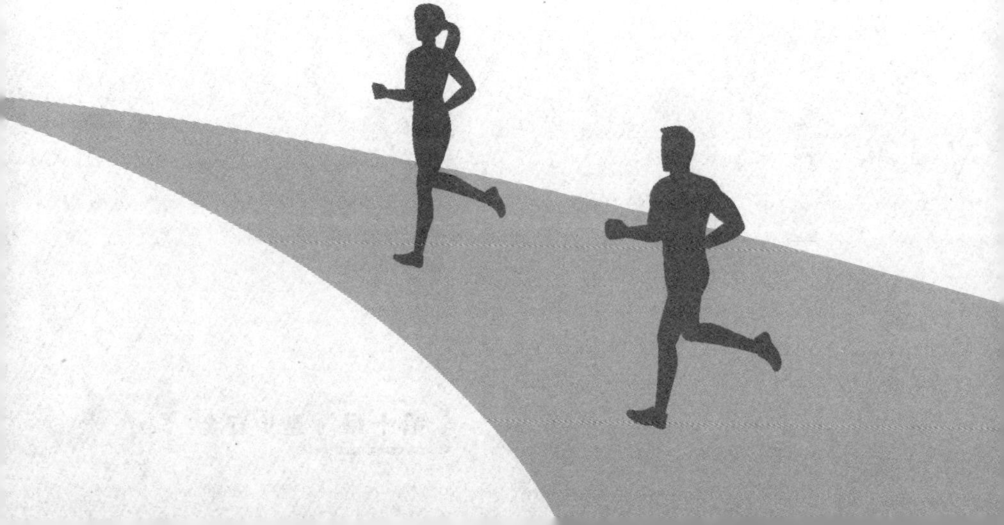

女性夜跑安全

畅所欲言

很多上班族白天没时间，早晨困乏，会选择夜跑，对于单独夜跑的女性来说，不仅要考虑运动安全，还要考虑人身和财产安全。

女性在夜跑中可能会遇到哪些运动安全问题呢？又该如何在夜跑路上确保自身的人身和财产安全呢？

女性参与夜跑，可强身健体、缓解当天的学习与工作压力，是非常好的运动锻炼方式。

女性夜跑运动安全

为确保自身运动安全，女性夜跑应注意以下问题。
- 提前规划路线，避免迷路。
- 避开交通高峰期，远离车流。
- 夜跑衣着应醒目，穿戴探照灯、反光背心、反光跑鞋等衣服或装备。
- 晚饭1小时后夜跑，以免因胃部充盈而在跑步过程中产生恶心、腹痛、呕吐等不适症状。
- 适度夜跑，以免运动量过大导致过度疲劳，进而影响第二天的身体和精神状态。

女性夜跑生命与财产安全

为确保自身生命与财产安全，女性夜跑应注意以下问题。
- 挑选照明良好的道路进行夜跑。

- 挑选自己熟悉的道路进行夜跑，不要固定每天的跑步路线，不要在社交媒体平台经常晒自己的跑步路线。
- 每次夜跑前，将夜跑路线告诉家人或朋友。
- 遵守交通规则，不随意穿行马路。
- 结伴夜跑，和家人、熟悉的朋友一起夜跑，或加入夜跑团队。
- 随身携带手电、安全警报器或其他安保小器械（如防狼喷雾）。
- 手机设置紧急联系人、紧急报警模式，以方便能在紧急情况下一键报警。
- 遇到歹徒行凶，保持冷静，伺机呼救和逃脱，避免激怒对方。
- 生命安全第一，在遇到危险时不要留恋财物。

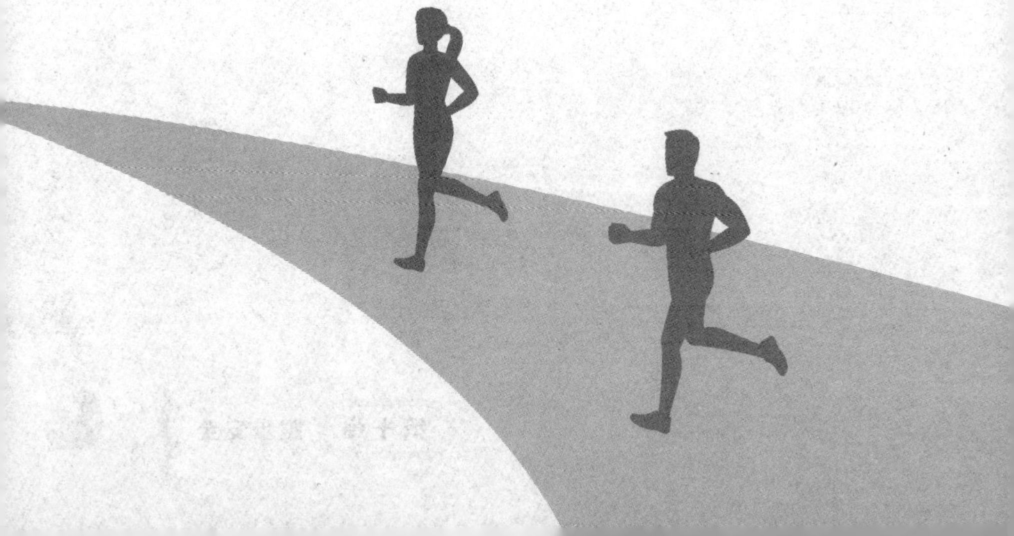

参考文献

[1] 北京医师跑团. 你真的会跑步吗？[M]. 北京：现代出版社，2018.

[2] 戴剑松，郑家轩. 无伤跑法 [M]. 北京：人民邮电出版社，2018.

[3] 高琦，刘琼. 新时代，动出彩 [M]. 长春：吉林大学出版社，2020.

[4] 胡英清，宁小春. 现代体育保健的理论与方法研究 [M]. 北京：中国书籍出版社，2014.

[5] 健康活力唤醒系列编写组. 跑在路上，匀加速 [M]. 北京：化学工业出版社，2018.

[6] 李金芬，翟少红，宋军. 社区体育科学化的理论研究 [M]. 北京：中国商务出版社，2008.

[7] 刘欣，王晶晶．老年人健康走与跑[M]．北京：科学出版社，2019．

[8] 罗炜樑．科学跑步：跑步损伤的预防与康复指南[M]．北京：清华大学出版社，2019．

[9] 皮崴，等．高校学生体质健康实用学习指导[M]．武汉：中国地质大学出版社有限责任公司，2016．

[10] 徐国峰．你可以跑得更快：跑者都应该懂的跑步关键数据[M]．北京：新星出版社，2017．

[11] 张宝才，贾琴．新编大学体育教程[M]．西安：西安交通大学出版社，2002．

[12] 耿露．夜跑 VS 晨跑 谁更有益[J]．双足与保健，2016（05）：61．

[13] 康养社区．"三高"人群到底能不能跑步？[J]．名医，2021（01）：32．

[14] 柒画．晨跑三不宜[J]．健康生活，2002（05）：48．

[15] 天空．起而行之 初级跑者的跑－走－跑计划[J]．中国自行车，2018（06）：104-108．

[16] 张博．"夜跑"好处多 锻炼需注意[J]．家庭医学，2014（12）：33．

[17] 朱益华．"计划"跑步[J]．企业观察家，2014（10）：128．

[18] 王彦. 秋季锻炼好方法——气功慢跑 [J]. 长寿，2015（10）：32-33.

[19] 耿振华. 坐位体前屈的训练方法 [J]. 中国学校体育，2008（5）：63.